AF145255

FSC
www.fsc.org

MIX

Papier aus ver-
antwortungsvollen
Quellen
Paper from
responsible sources

FSC® C105338

Wolfgang Schnepper I Manfred Claßen

E-Jugend /
D-Jugendtraining

www.kinder-training.info

effektive Übungen

Die Autoren:
Manfred Claßen, Jahrgang 1966,
1980-1983 mehrfacher Juniorenauswahlspieler,
er erhielt zu der Zeit ein Angebot des
Bundesligisten Bayer Uerdingen,
1984 komplizierte Sprunggelenksverletzung und
das Ende seiner aktiven Spielzeit,
Fußballabitur 1986 mit der Note "sehr gut",
Trainer 1992-1996 zusammen mit Diplom-Sportlehrer
Wolfgang Schnepper im Gesundheitsstudio in Willich
2004 bis heute Jugendtrainer, 2010 gründete er die
Informationsseite www.fussball-taktik.info

Wolfgang Schnepper, Jahrgang 1964, Diplomsportlehrer,
Ex-Bezirksligaspieler im Fußball,
1988-89 in der deutschen Triathlonspitze,
1990 Bayerischer Meister im Body-Building,
1998 Konditionstrainer im bezahlten Fußball

Bibliografische Informationen der Deutschen
Nationalbibliothek: Die Deutsche Nationalbibliothek
verzeichnet diese Publikation in der Deutschen
Nationalbibliografie; detaillierte bibliografische Daten sind
im Internet über http://dnb.d-nb.de abrufbar.

©2014 Manfred Claßen / Wolfgang Schnepper
Herstellung und Verlag: Books on Demand GmbH
Norderstedt
Satz und Layout: Manfred Claßen
Grafiken und Bilder: Manfred Claßen, coachfx
Covergrafik: © iStockphoto LP

ISBN 978-3-7322-9610-1

Inhalt

Inhalt

Hauptteil

 # Vorwort

Dieses Buch entstand aufgrund der vielen Nachfragen auf unserer Homepage www.kinder-training.info. Das Autorenteam Diplomsportlehrer Wolfgang Schnepper und Manfred Claßen geben hier einen detaillierten Einblick in das Training der E bis D-Jugend. Anders als auf der Homepage werden die Übungen hier in die 3 Hauptkategorien Aufwärmprogramme, Hauptteil und Abschlussspiele gegliedert. So können komplette Trainingseinheiten leicht, wie in einem Baukastensystem, erstellt werden.

Dieses Buch richtet sich an E-Jugend- und D-Jugendtrainer und Betreuer, die noch keine oder wenig Erfahrung im Bereich des modernen, kindgerechten Trainings gesammelt haben.

Wir wünschen allen Lesern viel Spaß bei der Lektüre und stets viel Erfolg im Sport.

Wolfgang Schnepper   Manfred Claßen

 # Die E-Jugend

Der fußballerische Aspekt steht bei der E-Jugend, im Gegensatz zu den Bambinis, immer mehr im Vordergrund. Weiterhin wird aber auf eine vielseitige Ausbildung, in Form von Laufen, Springen, Werfen, Ballspiele und Spiele unterschiedlichster Art, Wert gelegt. Die Kinder sollen hier eine grundlegende sportliche Ausbildung bekommen, wobei der Spaßfaktor und die Gemeinschaft im Vordergrund stehen. Hiermit wird die Basis für die weitere sportliche und soziale Entwicklung gelegt.

Auch in der E-Jugend müssen die Kinder das Gefühl vermittelt bekommen, dass sie von der Gemeinschaft gebraucht werden (was ja auch so ist), dass jeder ein wichtiges Mitglied der Mannschaft ist (unabhängig von der Leistung), und dass jeder Spieler ein gleiches Maß an Lob und Anerkennung von Eltern, Betreuern und Trainern verdient.

Der Trainer/in hat nun auch die wichtige Aufgabe, geschickt und freundlich allzu ehrgeizige Eltern, zu mäßigen und den Leistungsfaktor in einem gemäßigten Sektor zu halten. Wettkampfspiele sind mit einem großen Spaßfaktor zu belegen und es wird überwiegend in kleinen Gruppen ge-spielt.

Der richtige Umgang im Training mit Kindern unter 11 Jahren wurde ausführlich in unseren Büchern „Bambini / F-Jugendtraining" und „F-Jugend / E-Jugendtraining" beschrieben. Deswegen wird dies nur noch in Bezug auf die D-Jugend präziser erläutert.
Die beschriebenen Übungen sind in der Regel für alle

D-Jugendmannschaften geeignet. Die Übungen für die E-Jugend müssen auf den jeweiligen Leistungsstand abgestimmt werden.

Für die E-Jugend sollte aber am Anfang einer Trainingseinheit kein gezieltes Aufwärmprogramm erfolgen. Vor jeder Trainingseinheit dürfen sich die Kinder einige Minuten, sofort mit oder ohne Ball (wie jeder will), in der Gruppe oder Einzeln, frei bewegen. Kinder in dieser Altersklasse müssen und wollen sich sofort austoben.
Auch auf Ausdauerläufe, lange Sprints, Krafttraining und längere taktische Erklärungen wird gänzlich verzichtet.

Die D-Jugend

In diesem Alter befinden sich die Kinder bereits in der Vorpubertät oder Pubertät und der Trainer oder die Trainerin brauchen jetzt viel Fingerspitzengefühl, Empathie, Verständnis und Geduld.

Hatte man schon genügend Probleme mit den jüngeren Jahrgängen, geht es ab der D-Jugend erst richtig los.

Die Leistungsunterschiede sind zudem in diesem Alter extrem hoch. Manche Kinder sind retardiert (körperlich noch nicht altersgerecht entwickelt) oder akzeleriert (körperlich ihrem Alter weit voraus).

Diese Unterschiede legen sich in der Regel bis zur A-Jugend.

In der D-Jugend findet man nun häufig Kinder, die nur aufgrund ihrer körperlichen Überlegenheit wesentlich leistungsstärker sind.

Retardierte Techniker bleiben hier auf der Strecke und können im Spiel nicht viel ausrichten, obwohl sie die besseren Fußballer sind.

Genau dieser Sachverhalt ändert sich aber in den nächsten Jahren.

Die retardierten und technisch versierten kleinen Fußballer holen körperlich auf und werden die Hauptstützen und Spielmacher der Mannschaft.

Aber nicht nur das körperliche Erscheinungsbild der Kinder zeigt große Veränderungen und Unterschiede, nein, auch das Verhalten und die Charaktere verändern sich teilweise extrem:

Die Pubertät kündigt sich an.

 # Die D-Jugend

Die Kinder / Jugendlichen werden manchmal etwas trotzig, sie wollen unabhängig und selbstständig sein.
Ja, sie halten sich sogar schon für „erwachsen".
Der Trainer oder die Trainerin sind keine Vorbilder mehr und die Kinder wollen nicht mehr werden wie die eigenen Eltern.
Die Kinder/Jugendlichen in der D-Jugend sind aber überwiegend immer noch Kinder, die ihre Gefühle gerne verbergen und nach außen hin „stark" erscheinen wollen.
Das Zusammensein mit Gleichaltrigen ist für sie das „Größte", sie bauen sich in Gedanken eine eigene Welt auf und distanzieren sich von den Erwachsenen.
In dieser Phase sind die Kinder/Jugendlichen nur schwer zu ertragen. Aber genau hier muss der Trainer oder die Trainerin ansetzen. Die jungen Fußballer sollten mit allen positiven Mitteln und Maßnahmen im Verein gehalten werden.
Die Mannschaft, der Verein, der Trainer, das Training und die Wettspiele lenken die Kinder von ihren Problemen ab, gibt ihnen Rückhalt und hält sie oft von Rauchen, Alkohol trinken und Drogen ab.
In der heutigen Zeit gibt es viele Scheidungskinder, Kinder, die von ihren Eltern vernachlässigt werden oder Drogen- und Alkoholprobleme haben (sogar schon Zwölfjährige).
Viele Jugendliche rasten deswegen während des Trainings oder Wettspiels verbal oder auch manchmal körperlich aus.
Der Trainer hat die Aufgabe, diese Spieler solange es irgendwie möglich ist, zu beruhigen und zu integrieren.
Der Trainer oder die Trainerin darf hier Beleidigungen dieser Jugendlichen nicht persönlich nehmen (fällt manchmal sehr

schwer, wie wir aus eigenen Erfahrungen kennen) und sollte immer wieder das persönliche Gespräch suchen. Die Mannschaft, der Trainer und der Verein sind oft familiärer Ersatz für die jungen Fußballer. Sollten sie diese Anlaufstelle auch noch verlieren, können die Jugendliche sehr „tief fallen".

Der Trainer oder die Trainerin hat nun die Aufgabe, diesen „Problemkindern" zu helfen und ihnen zu zeigen, wie wichtig sie für die Mannschaft sind.

Die Kinder / Jugendlichen brauchen nun häufig Erfolgserlebnisse und diese müssen im Training geschaffen werden. Hierin liegt die wichtigste Aufgabe für den Trainer oder der Trainerin.

Hierbei muss Folgendes beachtet werden:

Exkurs: Psyche und Motivation

Bei Sportlern gibt es zwei unterschiedliche psychische Stereotypen und zwar den Athleten "Hoffnung auf Erfolg" und den Athleten "Angst vor Misserfolg".

Diese Erscheinungsformen können unterschiedlich stark ausgeprägt sein.

"Hoffnung auf Erfolg" kann so extrem vorhanden sein, dass der Fußballer viel zu eigensinnig und egozentrisch agiert.

"Angst vor Misserfolg" kann so stark ausgeprägt sein, dass der Fußballer keine Verantwortung und kein Risiko übernehmen will und den Ball so schnell wie möglich weiterspielt (nur

Sicherheitspässe).

Hier muss der Fußballtrainier unterschiedlich auf die jugendlichen Fußballer eingehen. Der Athlet **"Angst vor Misserfolg"** braucht einen konsequenten Aufbau des Selbstvertrauens. Der Spieler wird im Training mit Aufgaben beschäftigt, die ihm Verantwortung abverlangen. Hierfür gibt es unterschiedliche Aufgabenstellungen, z.b. darf dieser Spielertyp in einem Trainingsspiel als einziger weite Bälle schlagen, den Freistoß oder den Eckball treten, Einwurf ausführen oder einen Angriff abschließen.

Weiterhin können diese Jugendfußballer in Spielen gegen wesentlich schwächere Mannschaften mit Führungsaufgaben eingesetzt werden. Hier ist die Wahrscheinlichkeit eines Erfolgs wesentlich höher und das Selbstvertrauen wird gestärkt. Der Spieler bekommt beispielsweise bestimmte Aufgaben wie, "gehe an der Außenlinie an deinem Gegenspieler vorbei, laufe bei einem Konter mit nach vorne, bei einem Anspiel schließt du mit einem Torschuss ab, du schießt den Elfmeter, du spielst überwiegend lange Bälle usw."

Der Athlet **"Hoffnung auf Erfolg"** muss bei zu egoistischem Spiel gebremst werden. Diese Situation kann allein schon durch ein Gespräch mit dem Trainer bereinigt werden.

Bei einem Scheitern wird der Jugenfußballer mit leichten Sanktionen belegt. Bei Trainingsspielen darf dieser Sportler immer nur maximal dreimal den Ball pro Anspiel berühren, er darf nicht auf das Tor schießen, keinen Einwurf oder Eckball ausführen oder keinen Gegenspieler austricksen.

In einem Wettspiel kann dieser Fußballer z.B. nur mit Defensivaufgaben belegt werden. Diese Maßnahme sollte

allerdings bei einem offensiven Spieler maximal 15 Minuten betragen. Denn wird zu lange gegen die Spielernatur agiert, verliert der jugendliche Spieler das Interesse am Fußball.

Spieler zusätzlich motivieren

Motivation ist zunächst eine geistige Energieform, die in die Praxis umgesetzt werden muss. Diese Umsetzung muss effektiv auf ein bestimmtes Ziel eingesetzt werden und die Aufrechterhaltung bleibt bis zur Erreichung des Ziels.

In der Regel sind die meisten Jugendlichen in Bezug auf ihre gewählte Sportart motiviert bis stark motiviert (Ausnahmen treten bei familiären Problemen, Alkohol- oder Drogensucht, Übergewicht usw. auf).

Der Trainer hat die Aufgabe, die Motivation zu erhöhen und in die richtige Richtung zu lenken. Der Motivationsfaktor wird durch die Auswahl der optimalen Trainings- und Übungsformen erreicht, d.h. langweiliges und monotones Aufwärmen oder immer das gleiche Schusstraining z.B. vermeiden.

Die Schwachpunkte der einzelnen Spieler sind zu analysieren und müssen individuell trainiert werden. Dies kann z.B. über ein Stationentraining erreicht werden. An den Stationen wird z.B. Einwurf auf Weite trainiert, Schusstraining, Eckballtraining, Kopfballtraining, Passtraining, Fintentraining, Ausdauertraining, Sprinttraining und vieles mehr.

Die Spieler werden in Gruppen mit relativ gleichen spielerischen Defiziten aufgeteilt und den entsprechenden Übungsstationen zugeteilt. Nach einiger Zeit wird die Station gewechselt und dabei den Gruppen verstärkt die Übungen

zugeteilt, in denen sie den größten Nachholbedarf haben.

Regeln im Trainingsbetrieb

1. Die Kinder / Jugendlichen sind hier nicht mehr in der Schule. Gib Ihnen soviel Freiraum wie möglich, Disziplin und Strenge nur wie erforderlich.
Die Freiräume müssen mit deiner Aufsichtspflicht übereinstimmen. Auch ein nur kurzer Waldlauf, z.B. ohne Aufsicht, ist nicht zu verantworten.

2. Halte Dich mit langen Erklärungen zurück. Vermeide die Schulung komplizierter Taktiken und lange Reden. Die Kinder wollen trainieren und spielen, von langem Zuhören und Geschwätz hatten sie schon genügend in der Schule.

3. Früher gelernte Verhaltensregeln, die auch noch in der D-Jugend unabdingbar sind, werden konsequent übernommen und vom Trainer/in durchgesetzt (wie z.B. pünktliches Erscheinen, geputzte Schuhe und saubere Trikots zum Wettspiel, Fluchverbot).

4. Kinder / Jugendliche, die hin und wieder „ausrasten", werden nicht aufgegeben. Wir halten diese Fußballer so lange es eben geht im Team und im Verein.

5. Der Trainer oder die Trainerin darf Verhaltensweisen der

Kinder nicht persönlich nehmen, solange es irgendwie möglich ist. Beleidigungen werden z.B. einfach überhört, abfällige Bemerkungen ignoriert (extreme Dinge werden allerdings angesprochen und geklärt).

6. Konflikte werden sofort geklärt, damit sich im Laufe der Zeit keine Aggressionen anstauen.

7. Der Trainer oder die Trainerin ist eine Autoritätsperson mit Vorbildfunktion. Du rauchst niemals am Sportplatz oder in der Öffentlichkeit (falls du ein Raucher bist), versuche möglichst nicht zu fluchen (Ausnahmen nimmt dir keiner Übel), trinke keinen Alkohol vor den Kindern (zumindest keinen Hochprozentigen).
Sei möglichst pünktlich, die Kinder sollen deine Zuverlässigkeit bemerken.
Auch ist der Trainer nicht cool wie die Kinder. Wenn du versuchst wie die Kinder / Jugendlichen zu sein, finden sie das anfangs toll, mit der Zeit verlieren sie aber jeglichen Respekt.

8. Wenn du eigene Fehler machst, erkläre sie den jungen Fußballern und gestehe sie ein. Die Kids werden dich dann noch mehr respektieren.
Hast du z.B. ein Kind ungerecht behandelt, dann entschuldige dich dafür. Hieraus lernen die Kids, früher oder später, sich zu entschuldigen, wenn sie selber jemanden nicht korrekt behandelt haben.

9. Der Trainer oder die Trainerin fordert immer eine faire

Die D-Jugend

Mannschaft und faire Spieler. Bei grobem Foulspiel wird der Spieler allerdings nicht angeschrien oder schwer getadelt. Die Angelegenheit wird in einem vernünftigen Gespräch geregelt und sich beim Gegenspieler entschuldigt. Die jungen Fußballer werden auch stets dahin geführt, dass sie vor Schiedsrichtern höchsten Respekt haben.

Im Folgenden werden keine kompletten Trainingseinheiten aufgelistet. Der Trainer/in stellt sich die Trainingseinheiten aus unserer Ausarbeitung selbst zusammen. Die Übungen sind systematisch aufgelistet und beinhalten unterschiedliche Schwierigkeitsgrade. Passe die Übungen deiner Mannschaft an. Führe so oft es geht ein Stationentraining durch. Hier kannst du mit unterschiedlichen Leistungsstärken der zusammengesetzten Gruppen arbeiten, ohne diskriminierend zu wirken. Gruppen, die mit einer Übung des Stationentrainings vollkommen überfordert sind, werden dort erst gar nicht eingesetzt.
Beim Stationentraining können individuelle Schwächen einzelner Fußballspieler viel besser ausgemerzt und Stärken immer perfekter ausgebaut werden.

Die Dauer der Trainingsübungen, Aufwärmprogramme und Formen des Wettkampfspiels werden nicht festgelegt. Du richtest dich nach dem Spaßfaktor der Kinder. Bei großer Spielfreude lässt man die einzelnen Trainingsabschnitte etwas länger laufen und umgekehrt.
Bei einer Überforderung oder starken Unterforderung einer Trainingsübung wird diese sofort abgesetzt.

# Aufwärmprogramme

In der E- und D-Jugend ist ein monotones oder gleichbleibendes Aufwärmprogramm auf jeden Fall zu vermeiden. Die Kinder / Jugendlichen werden bei fast jedem Training mit einem anderen Programm überrascht, alleine das schon gibt einen Anreiz für das folgende Training.

Das Aufwärmen erfolgt sehr oft mit Ball, aber auch schon in der D-Jugend werden verschiedene Laufprogramme ohne Ball in diesen Teil mit eingebaut.

Auch ein gelegentlich freies Aufwärmprogramm wird gelegentlich gestattet. Kinder / Jugendliche brauchen im Training und Wettspiel immer noch etwas Freiraum. Leider wird ihnen in vielen Vereinen (besonders höherklassigen) diese Freiheit nicht mehr gewährt. Die Verantwortlichen vergessen aber, dass sie es immer noch mit Kindern zu tun haben. So darf man sich nicht verwundern, wenn dann viele Jugendliche sich ab der C-Jugend vom Fußballverein abwenden.

Merke: Ein Aufwärmprogramm wird fast immer mit einem effektiven Training in Bezug auf Taktik, Technik, Koordination und Ausdauer verbunden. Es soll also nicht nur das Verletzungsrisiko verringern oder immer nur Reize für die Kondition setzen. Fußballer sind keine Langstreckenläufer, die sich vor jedem Training 10 – 20 Minuten einlaufen müssen oder Sprinter, die vor jedem Training erst einmal ein 20 minütiges Sprinter ABC absolvieren sollen.

1. Aufwärmprogramme ohne Ball (D-Jugend)

Auch noch in der D-Jugend kann der Trainer oder die Trainerin ein freies Aufwärmprogramm erlauben. Bei relativ hohen Außentemperaturen besteht in diesem Alter fast keine Verletzungsgefahr, auch wenn die Kinder / Jugendlichen sich mit einer viel zu hohen Intensität aufwärmen.

Bei niedrigen Temperaturen (unter 10 Grad Celsius) sollte auf ein freies Aufwärmprogramm verzichtet werden. Schnappt sich hier einer den Ball, läuft „volle Pulle" auf das Tor zu und schließt mit höchster Schusskraft ab, kann bereits in diesem Alter ein Muskelfaserriss die Folge sein.

Bei niedrigen Temperaturen sollte der Trainer/in sogar ein kurzes lockeres Einlaufen anordnen. Jeder Spieler muss eine Runde um den Fußballplatz laufen (3 – 4 Minuten), bevor das weitere Aufwärmprogramm startet.

Jetzt wird die Verletzungsanfälligkeit in dieser Altersklasse fast auf „Null" herabgesetzt.

Die Ansage des Trainers oder der Trainerin lautet also z.B.: Kurzes Einlaufen, danach erkläre ich das weitere Aufwärmprogramm mit Ball.

Was heißt nun Aufwärmen durch Austobphase?

Wie schon erwähnt, kann der Trainer oder die Trainerin bei relativ hohen Außentemperaturen durchaus ein freies Aufwärmprogramm (zumindest ein Teil davon) in der D-Jugend erlauben.

1. Aufwärmprogramme ohne Ball (D-Jugend)

In den ersten Minuten des Trainings dürfen die Kinder / Jugendlichen sich frei bewegen, ob mit Ball oder ohne (die Wahrscheinlichkeit, dass sich ein kleiner Fußballer keinen Ball schnappt, ist allerdings gering). Sie dürfen laufen, werfen, schießen, usw. Sie können in Gruppen spielen oder sich allein beschäftigen. Hierbei bauen sie überschüssige Energie ab und die Konzentrationsfähigkeit für das weitere Training nimmt zu. Die „Austobphase" beträgt etwa 5 – 10 Minuten.

Aufwärmen mit dem Sprinter ABC

Mit dem Sprinter ABC können wir ein Aufwärmprogramm ohne Ball durchführen und gleichzeitig wird die Grundschnelligkeit und die Beschleunigungskraft mittrainiert. Es empfiehlt sich diese Art von Aufwärmprogramm bei relativ hohen Außentemperaturen einzusetzen, da hier kein vorhergehendes Einlaufen erforderlich ist.

Das Sprinter ABC ist auch Teil eines Aufwärmprogramms vor einem Wettspiel bei Profis wie Amateuren.

Hat der Trainer das Sprinter ABC mehrmals mit den Jugendlichen einstudiert, können sie es vollkommen selbstständig absolvieren.

Er gibt also nur noch die Anweisung „Sprinter ABC" und die jungen Fußballer wärmen sich mit dieser Methode auf.

Bei Sprintern gehen die Übungen des Sprinter ABC's über 20 – 40 Meter und jeweils drei bis fünf Wiederholungen pro Übung. Im Jugendfußball beschränken wir uns auf 20 Meter und jeweils drei Wiederholungen pro Übung. Nach einem Durchgang gehen die Spieler ganz langsam zum

1. Aufwärmprogramme ohne Ball
(D-Jugend)

Ausgangspunkt zurück und beginnen mit der nächsten Wiederholung.

Ein regelmäßiges Durchführen (mindestens einmal pro Woche) verbessert die Lauftechnik wesentlich und damit auch die Schnelligkeit und die Beschleunigung.
Die Jugendlichen lernen die optimale Körperhaltung beim Sprint, auch in Bezug auf Körperstreckung und Ballenlauf.

Sprinter-ABC

1. Fußballenlauf mit minimalem Knieheben:
Nur die Fußspitze wird aufgesetzt und die Fortbewegung ist langsam, die Knie werden nur minimal angehoben. Die Wiederholung der Bewegung variiert zwischen langsamer und maximaler Frequenz.

1. Aufwärmprogramme ohne Ball
(D-Jugend)

2. Skipping:
Flacher Kniehebelauf mit submaximaler bis maximaler Frequenz.

3. Kniehebelauf:
Maximales Anheben der Knie mit hoher Frequenz.

1. Aufwärmprogramme ohne Ball
(D-Jugend)

4. Anfersen:

Maximales Anheben der Ferse mit hoher bis maximaler Frequenz.

5. Trippelschritte mit wechselseitigem Anreißen des Oberschenkels mit maximaler Geschwindigkeit:

Es erfolgen zum Beispiel 3 Trippelschritte, dann wird ein Oberschenkel ein bis dreimal angerissen (anderes Bein trippelt dabei weiter, Füße müssen ja weiterhin abwechselnd aufgesetzt werden), wieder 3 Trippelschritte und Beinwechsel beim Anreißen.

6. wie zuvor, diesmal mit Ausschlagen des Unterschenkels:

Beim Anreißen des Beines wird zusätzlich der Unterschenkel nach vorne geschleudert.

7. Prellsprung:

Hopserlauf mit einem möglichst kurzen und kraftvollen Aufsetzen der Fußballen.

# 1. Aufwärmprogramme ohne Ball (D-Jugend)

Aufwärmen mit einem Waldlauf

Kann ich als Trainer/in ein Aufwärmprogramm mit einem Waldlauf vornehmen?

Ja, natürlich ist dieses eine gute Alternative, aber viele Punkte sollten dabei beachtet werden. Diese „Sauerstoffläufe" werden nur am Anfang der Saison durchgeführt und ihre Anzahl wird auf drei bis fünf begrenzt.

Die Laufintensität ist relativ gering und die Dauer ist begrenzt auf etwa 20 Minuten. Mit diesen Läufen wird die Grundlagenausdauer etwas verbessert und der Trainer oder die Trainerin kann erkennen, wer diese Läufe locker absolviert, und wer nicht.

Junge Fußballer, die mit der relativ geringen Laufgeschwindigkeit (7 bis 8 Minuten pro Kilometer) über 20 Minuten Probleme haben, besitzen keine ausreichende Fitness für ein komplettes D-Jugendspiel.

Diese Spieler können nun im Training gezielt mit Übungen (überwiegend mit Ball / auch sehr gut in einem Stationentraining möglich) konfrontiert werden, die mit längeren Laufwegen verbunden sind. Im Laufe der Zeit wird so die körperliche Fitness den anderen angepasst.

Beim Waldlauftraining kann der Trainer oder die Trainerin den jungen Fußballern auch wichtiges Hintergrundwissen vermitteln. Hier kann erklärt werden, dass am Folgetag eines Wettspiels ein Regenerationstraining sinnvoll ist. Durch einen kleinen lockeren Waldlauf von 20 Minuten Dauer wird eine schnellere Erholung vom Wettspiel ermöglicht und

1. Aufwärmprogramme ohne Ball (D-Jugend)

gleichzeitig die Grundlagenausdauer verbessert. Und wenn nur ein Spieler dieses in seiner Freizeit umsetzt, hat es sich für ihn und die Mannschaft schon gelohnt.

Aufwärmen mit einem Stationentraining: Der betreffende Spieler läuft ein Viereck von z.B. 40 x 60 Meter ab. An jeder Ecke steht ein Markierungshütchen mit vielen Bällen. Der Jugendliche läuft nun von Pylone zu Pylone und muss dort jeweils eine Aufgabe erfüllen, bevor er weiter laufen darf.

Aufgabenbeispiele:

1.Pylone: Auf ein besetztes Tor schießen aus entsprechender Entfernung. Der Spieler darf erst weiterlaufen, nachdem er ein Tor erzielt hat.

2.Pylone: Der Fußballer muss durch ein Hütchenpaar in 20 Meter Entfernung passen, die zwei Meter auseinander stehen. Erst nach einem Treffer darf er zur nächsten Pylone durchstarten. Das Hütchenpaar sollte in einem Tor stehen, damit die Bälle nicht zu weit weg rollen.

3.Pylone: Hier steht ein Mitspieler in 10 Meter Entfernung. Es wird sich ein Ball zehnmal direkt zugespielt, bevor es weitergeht.

4.Pylone: Hier muss ein Ball mindestens 10 Mal hintereinander hochgehalten werden. Jetzt geht es wieder zum ersten Hütchen usw.

1. Aufwärmprogramme ohne Ball (D-Jugend)

Habe ich zwei Spieler in diesem Zirkel, kann ich hier in einem Stationentraining vier Spieler sinnvoll beschäftigen. Die Spieler mit konditionellen Schwächen lässt man einfach etwas länger im Zirkel laufen.

Sind zwei Fußballer im Zirkel und einer läuft zu einer besetzten Station auf, soll er hier nicht warten, sondern läuft zur nächsten Ecke direkt weiter.

Aufwärmen über die Platzbreite

Auch hier kann der Trainer oder die Trainerin mit den jungen Fußballern ein weiteres „festes Aufwärmprogramm" einstudieren. Dieses Programm könnte er z.B. „Aufwärmen mittels Platzbreite" nennen und auch bei relativ niedrigen Außentemperaturen sinnvoll einsetzen.

Beispiel für ein „Platzbreitenprogramm":

1. Platzbreite hin und zurück traben

2. Erste Hälfte der Platzbreite traben, zweite Anfersen

3. Erste Hälfte Traben, zweite Kniehebelauf

4. Erste Hälfte Traben, zweite Laufen mit Armkreisen

5. Erste Hälfte Kreuzlaufen (siehe Seite 28), zweite Hälfte Kreuzlaufen mit dem anderen Bein

# 1. Aufwärmprogramme ohne Ball (D-Jugend)

Kreuzlaufen: Hiermit ist das seitlich nach hinten überkreuzte Laufen mit dem gleichen Bein nach jedem zweiten Schritt gemeint. Nach einer Hälfte der Platzbreite wird das Bein gewechselt. Diese Übung dürfte fast allen Trainern bekannt sein. Sie fördert die dynamische Beweglichkeit in der Hüfte.
Bei dieser unnatürlichen Laufbewegung befinden sich beide Arme fast bis zur Waagerechten angehoben und sind relativ gestreckt und nach jedem zweiten Schritt überkreuzt hinten tatsächlich ein Bein das andere.

Beispiel: Das rechte Bein setzt vorne auf, dann wird das linke Bein vorne aufgesetzt, aber gleichzeitig das rechte nach hinten gezogen und das linke Bein überkreuzt. Danach setzt das rechte wieder vorne auf usw.

Hat der Trainer/in dieses Aufwärmprogramm mehrmals durchgeführt, können D-Jugendliche dieses auch ohne Ansagen und große Kontrollen gemeinsam in der Gruppe absolvieren.

2. Aufwärmprogramme mit Ball
(E- und D-Jugend)

Dribbeln im Viereck

Ein Feld wird abgesteckt und dabei der Spieleranzahl angepasst. In diesem Feld bekommt jeder einen Ball. Dieser soll geführt werden, ohne dass ein Mitspieler dabei behindert oder von einem anderen Ball berührt wird. Die Ausführung bestimmter Finten wird in diesem Aufwärmprogramm eingebaut. Diese Übung wird etwa nur zwei Minuten praktiziert, da sonst schnell Langeweile auftritt.

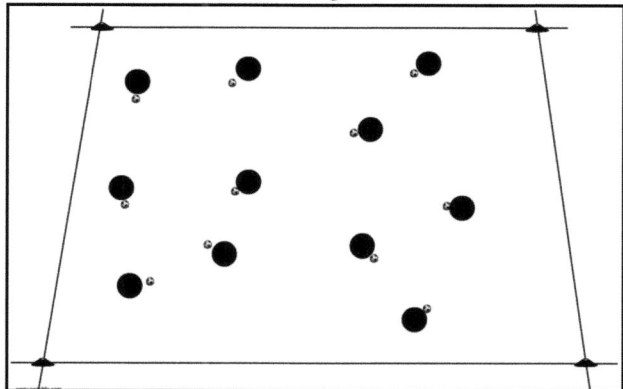

"3 gegen 1" und "5 gegen 2"

Grundlagenübungen für die ganze Mannschaft sind das "3 gegen 1" und das "5 gegen 2". Beim" 5 gegen 2" sollte darauf geachtet werden, dass die Spieler sich nicht nur auf die Ecken des Vierecks beschränken, sondern sich frei in dem Viereck bewegen. Dadurch werden die 3 Lauf- richtungen ohne Ball trainiert. Beide Übungen bilden die Grundlage der Dreiecksbildung im Fußball.

2. Aufwärmprogramme mit Ball
(E- und D-Jugend)

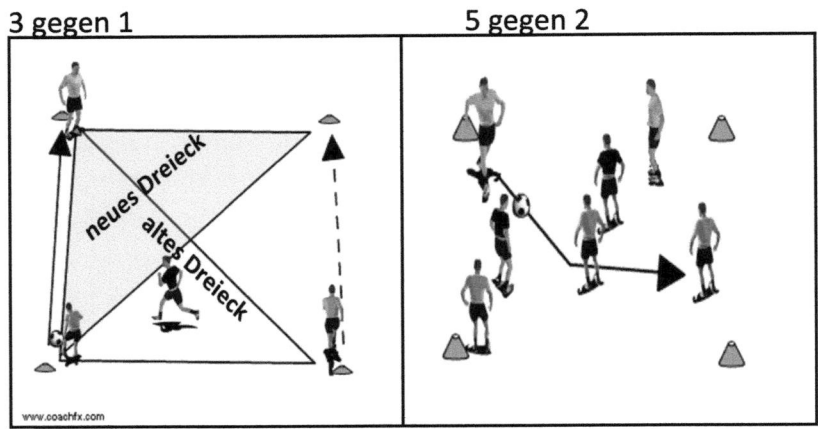

3 gegen 3 mit einer festen Anspielstation

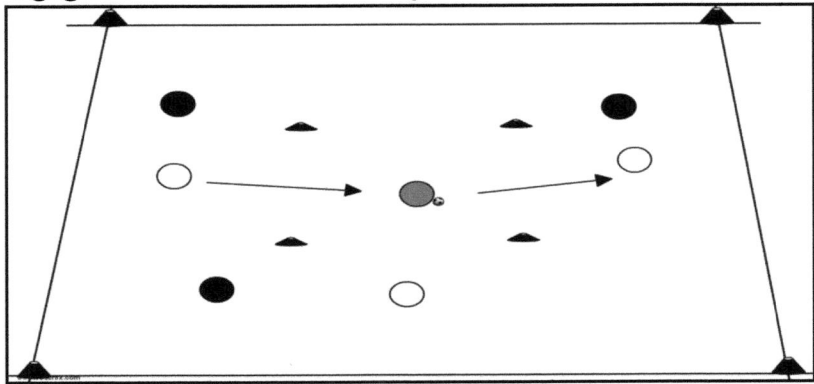

Übungsaufbau und Übungsablauf: Im abgesteckten Viereck spielen 3 gegen 3. Das mittlere kleine markierte Viereck darf nur vom neutralen Spieler betreten werden. Bei jedem 2. Pass muss der neutrale Spieler angespielt werden. Pässe durch das mittlere Viereck sind nicht erlaubt, wenn der neutrale Spieler nicht angespielt wird. Zuerst 3 Ballkontakte, dann 2 und 1.

2. Aufwärmprogramme mit Ball (E- und D-Jugend)

Chef im Ring

Die folgende Übung macht den jungen Fußballern meistens viel Spaß. Dabei sollte der „frontale Spieler" (Erklärung folgt) häufig ausgetauscht werden. Die Dauer der Aufwärmübung wird hierbei allein dem Spaßfaktor angepasst.

Übungsablauf: Ein Spieler mit Ball steht den Anderen in einer Entfernung von etwa 15 Metern gegenüber. Die Gruppe steht hinter- und nebeneinander, wobei jeder Spieler einen Abstand von etwa 10 Metern zu jedem Vorder-, Hinter- und „Seitenmann" einhält.
Alle Fußballer sind in Ballbesitz. Der „frontale Spieler" ist der „Chef im Ring".
Alle Bewegungen, die er mit dem Ball ausführt, müssen seine Mitspieler imitieren. Dribbelt er nach vorn, dribbeln seine Mitspieler auch nach vorn, dribbelt er zur Seite, dribbeln die Anderen auch zur Seite, macht er einen Übersteiger, versucht die Gruppe es auch usw.

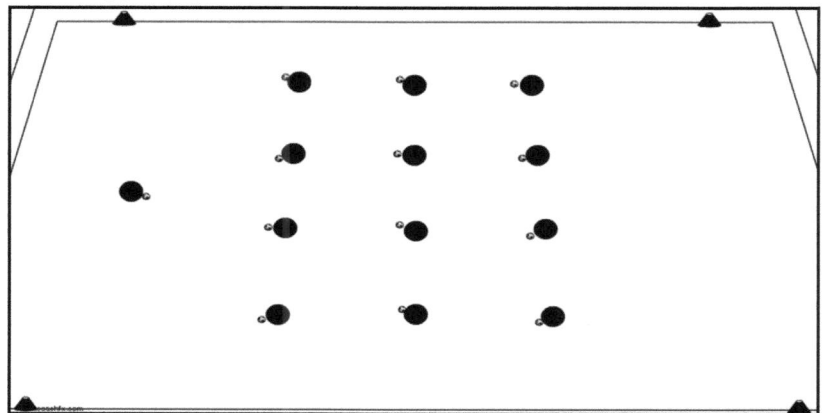

2. Aufwärmprogramme mit Ball
(E- und D-Jugend)

Viereck mit Außenanspieler

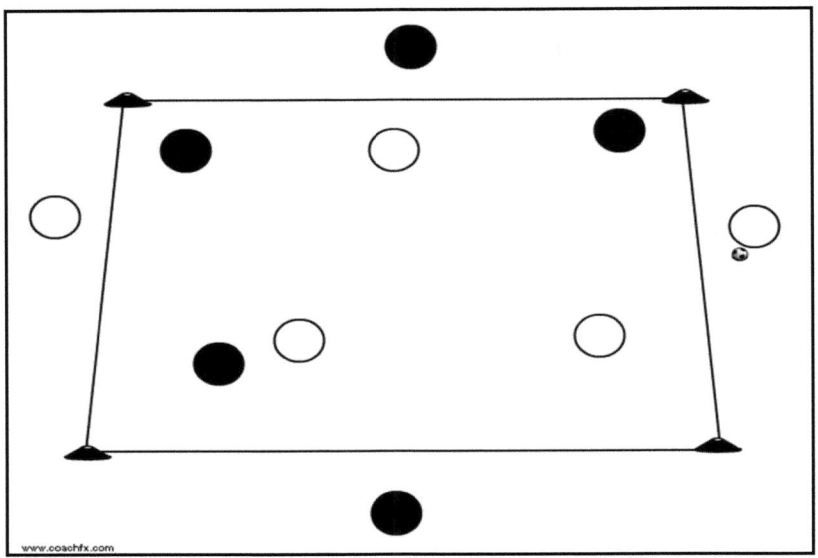

Übungsaufbau: Ein Feld von etwa 20 x 20 m mit vier Hütchen abstecken. Im Viereck wird 2 gegen 2 oder 3 gegen 3 gespielt. An jeder Außenlinie stehen noch Spieler (je zwei Anspieler pro Team).

Übungsablauf: Die Anspieler dürfen nicht ins Viereck laufen, dürfen aber auch nicht von den Spielern, die in der Mitte spielen, angegriffen werden. Sämtliche Spieler dürfen nur 2 Ballkontakte haben.

Die Aufgaben sollten öfter gewechselt werden.

Diese Übung eignet sich hervorragend, um das Spiel ohne Ball einzuüben. Hier ist es wichtig, dass der Trainer eingreift, wenn falsche Laufwege eingeschlagen oder zu risikoreiche Pässe gespielt werden.

32

2. Aufwärmprogramme mit Ball
(E- und D-Jugend)

Viereck mit Eckanspieler

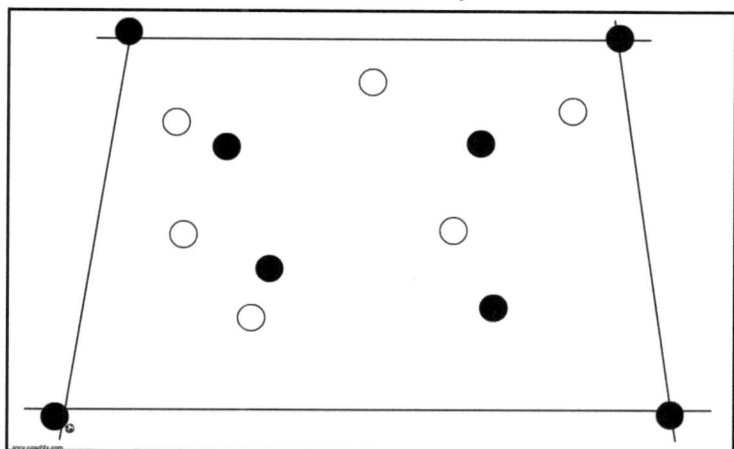

Übungsaufbau: Ein großes Viereck wird abgesteckt. Es werden 2 Mannschaften gebildet. 4 schwarze Feldspieler und an den Ecken 4 schwarze Anspieler. Diese spielen gegen 6 weiße Spieler.

Übungsablauf: Es wird auf Ballhalten gespielt, wobei die weißen Spieler nur 2 Ballkontakte haben dürfen. Die schwarzen Spieler wechseln regelmäßig ihre Positionen von Feldspieler zu Anspieler.

Pärchen im Viereck

Übungsaufbau: Es wird wieder ein großes Viereck abgesteckt. In diesem Feld stehen mehrmals zwei Pylonen mit einem Abstand von etwa einem Meter nebeneinander. Die Größe des Feldes und die Anzahl der Pylonenpaare wird der Spieleranzahl angepasst.

2. Aufwärmprogramme mit Ball
(E- und D-Jugend)

Übungsablauf: Es werden Zweiergruppen mit jeweils einem Ball gebildet. Der ballführende Spieler dribbelt durch das Feld und darf nur durch ein Pylonenpaar zu seinem Partner abspielen. Ein Abspiel soll immer relativ schnell erfolgen.

Auch bei dieser Übung sollen die anderen Pärchen möglichst wenig gestört und auch Finten mit eingebracht werden.
Hierbei wird hervorragend die Spielübersicht trainiert.

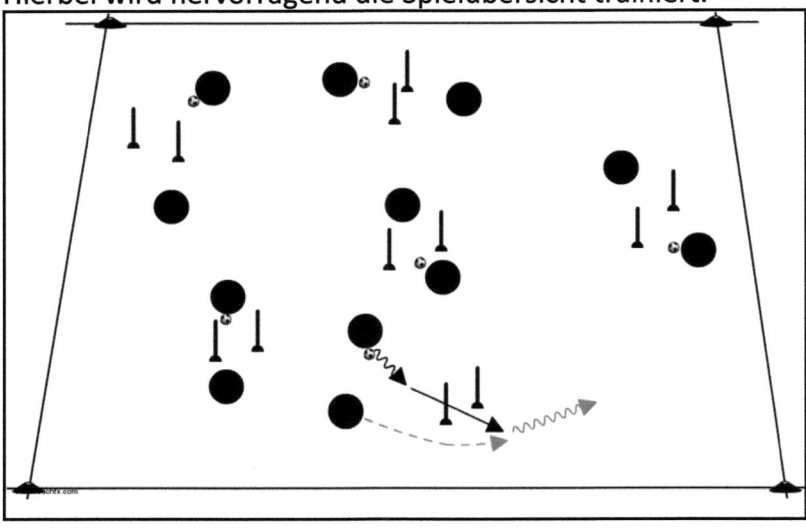

Statisches Passspiel

Die Kinder passen sich den Ball abwechselnd mit der linken und rechten Innenseite zu. Der Ball wird zuerst gestoppt und dann direkt gespielt, wobei er durch zwei Hütchen gepasst werden soll. Die Entfernung ist abhängig vom Trainingszustand.

2. Aufwärmprogramme mit Ball (E- und D-Jugend)

An dieser Station trainieren ein bis zwei Paare.

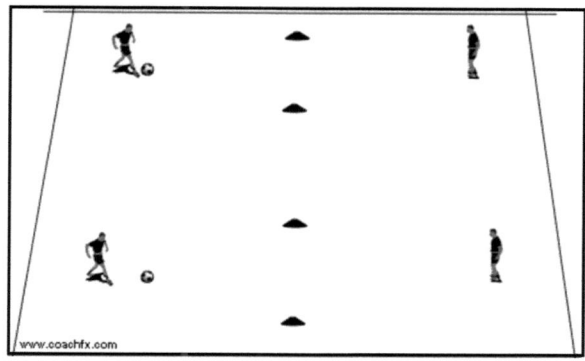

Direktspiel

Die Kleinen werfen sich den Ball von unten aus kurzer Entfernung zu. Der Ball soll nun direkt mit der Innenseite oder dem Spann (linker und rechter Fuß) zurückgespielt werden. Der Werfer stoppt den Ball mit dem Fuß, Oberschenkel, Brust usw. und wirft den Ball wieder zu. Die Positionen werden nach kurzer Zeit immer wieder getauscht. Auch hier spielen ein bis zwei Paare.

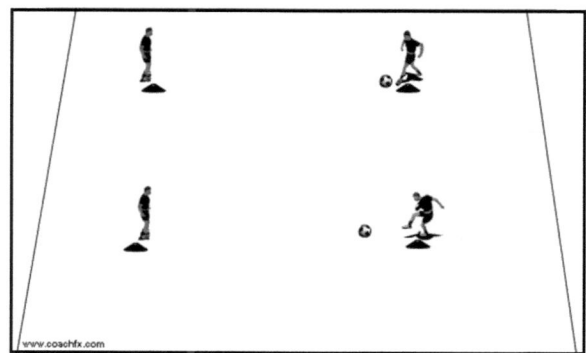

2. Aufwärmprogramme mit Ball
(E- und D-Jugend)

Dribbelkreis

Drei Spieler stehen jeweils hintereinander, der Vordere ist in Ballbesitz und steht neben einer Pylone. Acht Meter von dem jeweiligen Startdribbler entfernt steht eine „Wendepylone".
Er dribbelt zu diesem Hütchen, zieht den Ball dort mit der Sohle zurück, dribbelt wieder zum Starthütchen. Hier übergibt er den Ball und stellt sich hinten an.
Zuerst soll die komplette Übung ausschließlich mit dem rechten Fuß durchgeführt werden, nach zwei bis drei Wiederholungen wird nur der linke Fuß eingesetzt.

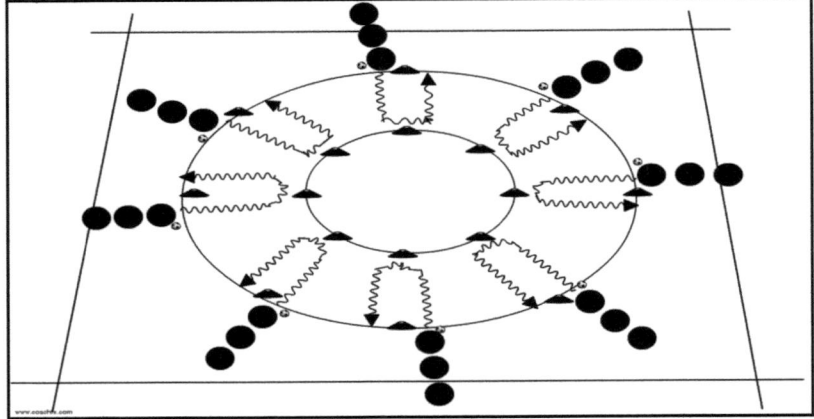

Danach erfolgt eine Variation der Übung. Die Spieler sollen sich komplett um das Hütchen mit enger Ballführung drehen. Auch hier wird die Übung anfangs nur mit dem rechten Fuß geübt, einmal erfolgt die Drehung im Uhrzeigersinn, dann entgegengesetzt. Nach einigen Wiederholungen ist der linke Fuß dran. Zum Abschluss ist natürlich ein Wettkampf an der Reihe, mit Drehung in beliebiger Form um die Pylone. Jeder Spieler muss zweimal an den Start gehen.

2. Aufwärmprogramme mit Ball (E- und D-Jugend)

„Fußballtennis" (nur D-Jugend)

Diese Aufwärmübung ist für die D-Jugend sehr anspruchsvoll und für die E-Jugend nicht geeignet. Bei einer Überforderung wird die Übung nur relativ kurz eingesetzt. Sinnvoll ist der Einsatz bei trockenem und relativ warmen Wetter. Bei einer technisch versierten Mannschaft ist ein hoher Spaßfaktor garantiert. Bei dieser Spielform wird das Ballgefühl, die Technik und der Einwurf trainiert.

Übungsablauf: Mit Pylonen werden zwei Spielfeldhälften von jeweils 8 – 12 m markiert. In der Mitte der beiden Spielfeldhälften wird z.B. eine Zauberschnur in etwa 1,60 m Höhe gespannt.
Eine Mannschaft besteht aus 3 – 5 Spielern. Ein Spieler beginnt hinten und außerhalb der Grundlinie mit einem Einwurf in das gegnerische Feld. Die Zauberschnur darf dabei nicht berührt werden und muss überworfen werden. Der Ball muss im gegnerischen Feld landen.
Kommt der Ball außerhalb des Feldes auf und wurde vorher von keinem Gegenspieler berührt, erhält die gegnerische Mannschaft einen Punkt und das Einwurfrecht.

Fliegt der Ball regelkonform in die andere Hälfte, gibt es folgende Spielmöglichkeiten:
- direktes Rückspiel
- Rückspiel nach einmaliger Bodenberührung des Balles
- direktes Abspiel zum Partner
- Abspiel zum Partner nach einmaliger Bodenberührung.

2. Aufwärmprogramme mit Ball
(E- und D-Jugend)

Das Abspiel darf beliebig oft direkt oder indirekt erfolgen. Landet der Ball dabei außerhalb des Spielfeldes, berührt zweimal hintereinander den Boden oder wird außerhalb des gegnerischen Feldes befördert, erhält der Gegner den Punkt und den Einwurf. Rotiert wird dabei wie im Volleyball.

Der Ball muss die Zauberschnur immer oberhalb passieren und darf diese nicht berühren.

Vor einem Abspiel oder Rückspiel in das andere Feld dürfen die Spieler den Ball auch beliebig oft „hochhalten". Nach einem Bodenkontakt, darf aber der gleiche Spieler nicht wieder den Ball berühren.

Die weiteren Regeln dürften sich aus dem Kontext ergeben. Regeländerungen lassen hier auch der Phantasie freien Lauf.

Gespielt werden kann beispielsweise bis 11 oder 15 Punkte und drei Gewinnsätze.

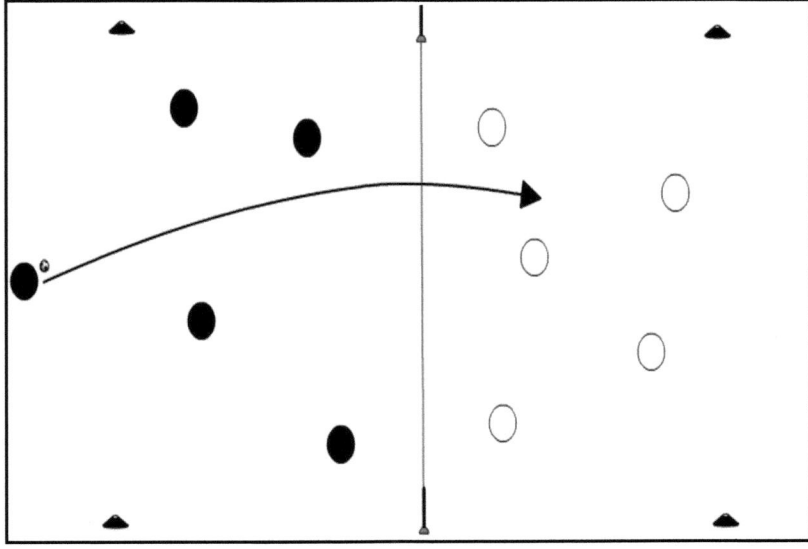

3. Aufwärmprogramme mit anderen Ballsportarten

"Volleyball" (nur D-Jugend)

Das Aufwärmprogramm und die Einleitung des Trainings braucht in der D-Jugend viel Abwechslung und sollte manchmal mit „fußballfremden" Übungen beginnen.

Die vorige Übung (Fußballtennis) wird jetzt mit einem Volleyball und nach Volleyballregeln gespielt. Es empfiehlt sich allerdings, den Aufschlag durch den Fußballeinwurf zu ersetzen.
Nach dem ersten Volleyballspiel bietet es sich an, mit Fußballtennis fortzufahren.

"Völkerball"

Zur Abwechslung wird heute einmal Völkerball gespielt. Die Feldgröße bestimmt sich aus Wurfkraft und Anzahl der Kinder. Am Anfang hat jede Mannschaft drei Werfer außerhalb des Feldes, je einer an der gegnerischen Grundlinie. Die Kinder, die abgeworfen wurden, gesellen sich zu den eigenen Werfern und dürfen mit abwerfen. Sind alle Kinder einer Mannschaft getroffen, müssen die drei Startwerfer ins Feld. Diese haben aber drei Leben, d.h. sie müssen dreimal getroffen werden, bevor sie ausscheiden. Die Mannschaft, die zuerst komplett abgeworfen wird, ist der Verlierer.
Bei diesem Spiel setzen wir nur sehr weiche Bälle (z.B Schaumstoffbälle) ein, und erhöhen die Dynamik des Spiels mit einem Einsatz von zwei Bällen gleichzeitig.

3. Aufwärmprogramme mit anderen Ballsportarten

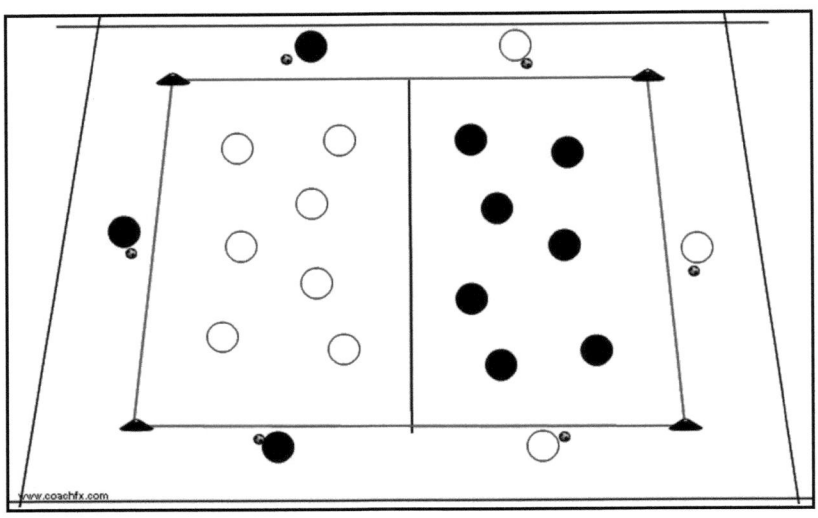

"Hockey"

Die hier beschriebene Übung eignet sich hervorragend zum Aufwärmen und zur Vorbereitung von Dribblingübungen. Es werden zwei Mannschaften gebildet, die hintereinander stehen. Beide Mannschaften stehen dabei etwa 5 Meter auseinander. Die Startläufer haben einen Hockeyschläger und einen Hockey- oder Tennisball. Vor ihnen sind jeweils 5 Pylonen hintereinander (Abstand jeweils 2 Meter) aufgebaut. Auf Kommando führen die Startläufer die Bälle mit dem Schläger Slalom durch die Markierungshütchen. Zurück geht es mit einem Sprint (natürlich mit Schläger und Ballführung), Schläger und Ball werden an der Startlinie an den nächsten Spieler weitergereicht usw.

Welche Mannschaft hat zuerst alle Spieler wieder über die Startlinie gebracht?

3. Aufwärmprogramme mit anderen Ballsportarten

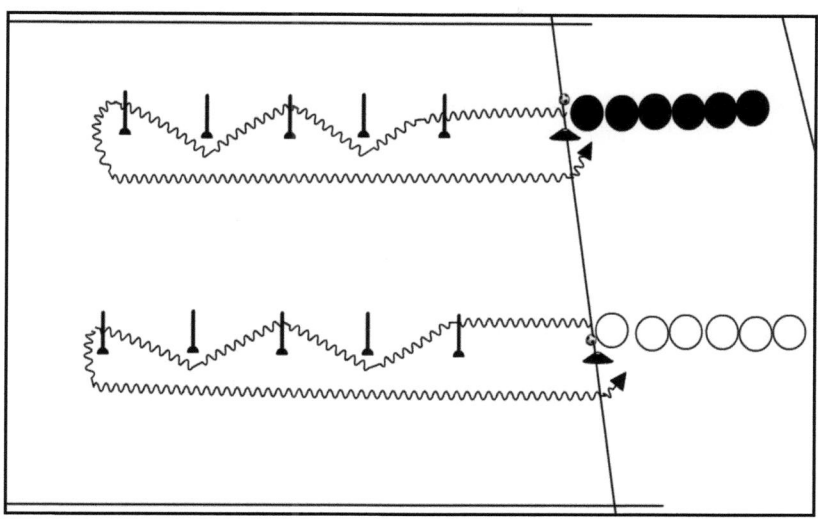

Nach dieser Aufwärmübung wird natürlich dieser Wettkampf mit einem Fußball und entsprechender Ballführung mit dem Fuß wiederholt.

Hierauf folgend bieten sich natürlich weitere Dribbling- und Fintenübungen im Hauptteil an.

Merke: Aus Sicherheitsgründen empfehlen wir, niemals ein „richtiges" Hockeyspiel im Training durchzuführen. Die Gründe dafür dürften offensichtlich sein.

 # Hauptteil

Theoretischer Teil zu den Schusstechniken

Bevor wir zu den Übungen kommen, werden die theoretischen Grundlagen der Schusstechniken abgehandelt. Der Trainer oder die Trainerin, die dieses Wissen bereits besitzen, überspringen bitte dieses Kapitel.

Auch noch im D-Jugendtraining gibt es allerdings viele Trainer, die zum ersten Mal eine Mannschaft trainieren und nicht die erforderliche Theorie dazu beherrschen.

Wir unterscheiden **Innenseitstoß, Innenspannstoß, Außenspannstoß und Vollspannstoß (Ausnahmestoß: Die „Picke")** .

Die sicherste Art Tore zu erzielen und genaue Pässe zu spielen, ist der Stoß mit der Innenseite. Der Innenseitstoß ist wie der Innenspannstoß, relativ leicht zu erlernen.

Der **Innenseitstoß** wird in der Regel beim Passen und Schießen über kurze Entfernungen verwendet. Bei größeren Entfernungen kommen die anderen Schusstechniken je nach Situation zum Einsatz.

Der Innenseitstoß findet auch Anwendung beim Doppelpassspiel, Volley- und Dropkickbällen.

Bei dieser Technik zeigt das Standbein immer in Schussrichtung und wird etwa 20 Zentimeter neben dem Ball aufgesetzt.

Das Standbein ist im Knie- und Hüftgelenk leicht gebeugt. Das Spielbein wird dann je nach beabsichtigter Spielstärke mit der entsprechenden Geschwindigkeit und Kraft nach vorn gegen den Ball geführt und mit der Innenseite des Fußes getroffen.

Der **Innenspannstoß** kann bei allen Spielsituationen zum Einsatz kommen. Der Sicherheitsfaktor ist nicht mehr ganz so hoch wie bei dem Innenseitstoß, doch kann er mit mehr Härte oder auch Effet gespielt werden. Im Gegensatz zum Innenseitstoß wird etwas schräg zur Schussrichtung angelaufen und das Standbein, leicht gebeugt, ein wenig seitlich hinter dem Ball aufgesetzt.
Beim Spielbein ist der Fuß gestreckt und im Fußgelenk vollkommen stabilisiert. Bei lockerem Fußgelenk sind mangelnde Schusskraft, Verletzungen und Schussungenauigkeiten die Folge. Die Trefffläche ist die Innenseite des Spanns, wobei Hüft-, Knie-, und Fußgelenk ganz leicht nach außen gedreht werden. Bei der Ausholbewegung ist das Spielbein zunächst stärker und bei der Ballberührung nur noch leicht gebeugt.

Der **Vollspannstoß** kann auch fast überall angewendet werden, z.B. beim Abstoß, Abschlag, bei sehr vielen Kurz- oder Langpässen, Hebern, Flanken und Torschüssen.
Beim Vollspannstoß wird nach einem geraden und kurzen Anlauf das Standbein etwa 10 Zentimeter neben dem Ball aufgesetzt und das Knie leicht gebeugt. Während der gesamten Schussbewegung ist das ganze Körpergewicht auf dem Standbein verlagert.

Hauptteil

Beim Spielbein zeigt die Fußspitze zum Boden, der Fuß ist gestreckt und fixiert, die Ausholbewegung ist ein Zurückschwingen des Ober- und Unterschenkels bei leicht gebeugtem Kniegelenk. Beim Vorschwingen wird der Ball mit vollem Spann im Zentrum getroffen und das Spielbein schwingt durch. Bei halbhohen oder hohen Bällen wird der Oberkörper aufrecht oder etwas nach hinten geneigt und für einen flachen Schuss leicht nach vorn geneigt.

Der **Außenspannstoß** ist eine sehr schwierige Schusstechnik und wird nur von wenigen Spielern wirklich beherrscht. Er gewährleistet ein fast ansatzloses seitliches Zuspiel auch aus höchster Laufgeschwindigkeit. Bei genügender Schusskraft und Zielgenauigkeit findet der Außenspannstoß auch Anwendung bei Ecken, Freistößen, Torschüssen und bei ganz „Coolen" auch bei Elfmetern.

Angelaufen wird gerade oder leicht schräg, das Standbein wird leicht gebeugt etwa 20 – 30 Zentimeter neben oder leicht hinter dem Ball aufgesetzt, und während der Schussbewegung wird das Körpergewicht auf das Standbein verlagert.

Das Spielbein wird im Unterschied zum Vollspannstoß etwas einwärts gedreht und die Trefffläche ist jetzt die Außenfläche des Spanns.

Die **„Picke"** kann in Ausnahmesituationen, manchmal auch als „Muss" verwendet werden. Gegeben ist zum Beispiel die Situation, dass ein Spieler nur noch mit der „Picke" den Ball erreichen kann.

Weiterhin kann der Ball, z. B. für einen Rechtsfuß mit dem rechten Fuß für einen gefährlichen Torschuss unerreichbar, und der linke Fuß, für einen ordentlichen Torschuss nicht ausreichend technisch geschult sein. In diesem Fall bietet sich ein Torschuss mit der linken „Picke" an, falls auch ein Abspiel keinen Sinn ergibt.

Weitere Schusstechniken sind der **Heber, Dropkick, Effetstoß, Fallrückzieher, Seitfallrückzieher, Hüftdrehstoß** usw.

Der **Heber** ist nichts anderes als ein weich und mit Gefühl gespielter Vollspannstoß.

Beim **Dropkick** wird der Ball sofort mit dem Bodenkontakt getroffen. Bei dieser Technik kann unter Umständen eine enorme Schusskraft entwickelt werden.

Beim **Effetstoß** wird der Ball außerhalb des Zentrums in der Regel mit dem Außenspann getroffen, seltener mit dem Innenspann. Durch den nicht zentralen Treffpunkt, erhält der Ball eine bogenförmige Flugbahn.

Der Effetstoß dient als Flanke, Torschuss, Pass, Elfmeterschuss und bei direkten Freistößen. Beim direkten Freistoß kann der Ball so an der Mauer vorbeigeführt werden. Ein weiterer Vorteil ist, dass diese Schusstechnik aus dem Laufen heraus vom Gegenspieler nicht rechtzeitig erkannt werden kann **(beim Effetstoß mit dem Außenspann)**.

Das zeigt hier auch die Wichtigkeit, zuerst den normalen Außenspannstoß zu erlernen, und immer wieder im Training einzubauen.

Der **Fallrückzieher** kommt bei hohen und relativ steil hereinfallenden Bällen zum Einsatz.

Hauptteil

Hier steht der Spieler in der Regel mit dem Rücken zum Tor, manchmal auch zu einer anderen Zielrichtung. Der Absprung erfolgt meistens beidbeinig aus einer leichten Schrittstellung. Während der rückwärtigen Fallbewegung wird eine Scherbewegung ausgeführt und der Ball mit dem Vollspann getroffen. Mit den Armen wird die Landung abgefedert.

Der **Seitfallrückzieher** ist technisch dem Fallrückzieher gleich und wird auch bei gleichen Spielsituationen eingesetzt. Der einzige Unterschied ist, das der Körper mehr oder weniger seitlich zum Tor steht.

Der **Hüftdrehstoß** ist weiterhin eine Technik, die nur von wenigen Spielern bis zur Vollendung beherrscht wird. Bei dem Hüftdrehstoß wird der Ball etwa in Hüfthöhe volley mit dem Vollspann getroffen. Der Hüftdrehstoß wird in der Regel als Torschuss nach Flanken oder Ecken eingesetzt.
Die Einleitung des Hüftdrehstoßes beginnt mit einer weiten Ausholbewegung des Spielbeins, wobei der Oberkörper zurückgenommen und seitlich über das leicht gebeugte Standbein gelegt wird. Der Ball wird dann meistens zentral und mit voller Wucht getroffen.

Praktischer Teil zu den Schusstechniken

Übungen

* 2 – 4 Spieler stehen 10 – 30 Meter (je nach Trainings-zustand u. Spielstärke) zueinander. Der Ballbesitzer spielt den Ball in irgendeiner Form einem Partner zu, der den Ball an-

nimmt und danach weiterspielt.

Das Passen erfolgt je nach Aufgabenstellung mit Innenseitstoß, Innenspannstoß, Vollspannstoß, oder Außenspannstoß.

* Die Spieler stehen sich in zwei Gruppen hintereinander gegenüber, der Abstand beträgt wieder 10 – 30 Meter. Der Spieler mit Ball passt zum Gegenüber, läuft zügig auf die andere Seite und stellt sich hinten wieder an.
Der nächste Ballbesitzer nimmt den Ball an, passt wieder usw. Danach wird über eine kürzere Entfernung der Ball direkt gespielt.

* 3 – 5 Spieler stehen im kurzen Abstand zueinander und spielen sich den Ball hoch zu, der angenommene Ball kann hoch und direkt weitergespielt werden oder wird ein bis mehrere Male hochgehalten.

* Zwei Spieler stehen sich im Abstand von 10 – 20 Meter gegenüber, in der Mitte stehen zwei Pylonen 1 – 2 Meter auseinander. Sie spielen sich den Ball direkt oder nach Ballannahme zu und müssen den Ball zwischen den Pylonen zum Partner befördern.
Begonnen wird die Übung mit dem Innenseitstoß und später auch mit anderen Schusstechniken.

* Die Spieler stehen 5 – 15 Meter hintereinander vor dem Tor, einer wirft den Ball seitlich halbhoch vor die Spieler, die

dann mit einem Hüftdrehstoß auf das Tor schießen sollen. Der Spieler, der geschossen hat, stellt sich hinten an. Später wird der Wurfabstand vergrößert oder das Werfen erfolgt mit einem Einwurf.

Weitere Steigerungsformen sind das Anspiel über eine Flanke, kurze Ecke oder den Eckstoß.

* Zwei Spieler stehen etwa 40 Meter vor dem Tor und spielen sich den Ball in der Laufbewegung auf das Tor direkt zu. Je nach Schussstärke wird das Passen mit einem Schuss aus   15 – 20 Meter Entfernung abgeschlossen.

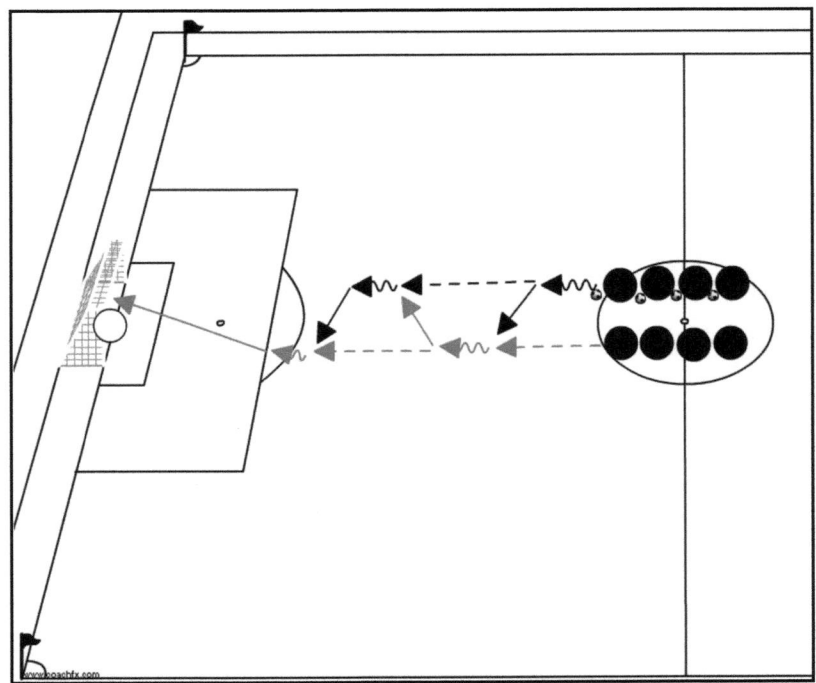

Hauptteil

Technikübung

Die folgende Übung schult Einwurf, Stoppen, Passen, Dribbeln, Torschuss und Torwartqualitäten gleichzeitig.

Ablauf: Ein Tor wird mit einem Torwart besetzt. Vor diesem werden vier Pylonen wie in der Zeichnung aufgestellt. Die Spieler verteilen sich an den Markierungshütchen. Die Spieler bei A an der Seitenlinie besitzen jeweils einen Ball. A wirft den Ball mittels eines Einwurfs zu B, der den Ball direkt zurück zu A passt. A wiederum spielt den Ball flach und hart zu C. Dieser nimmt den Ball Richtung Tor an, dribbelt einige Meter und spielt anschließend auf den Spieler D, der direkt oder nach einer kurzen Ballkontrolle auf das Tor schießt.
Nach diesem Torschuss rücken die beteiligten Spieler eine Position weiter.

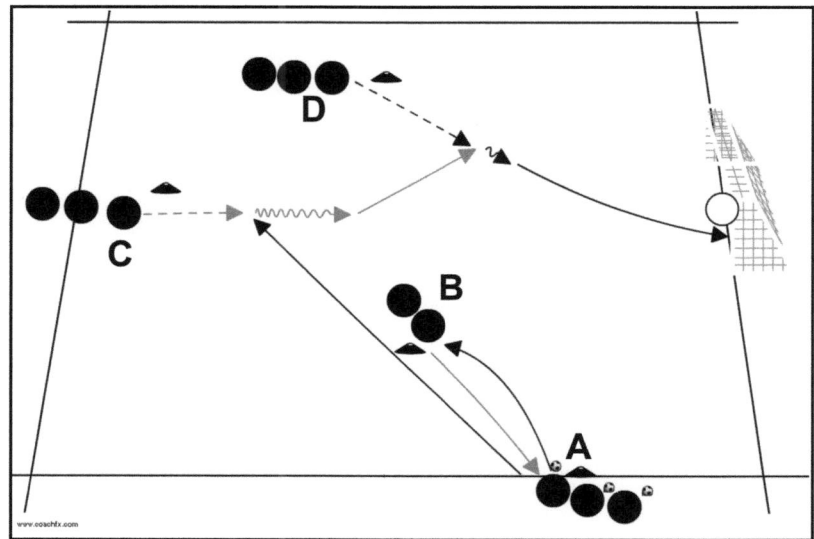

49

Hauptteil

Torschussübungen

* Wir trainieren hier den Torschuss unter Bedrängnis. Die Spieler stehen etwa 30 Meter vor dem Tor (mit Torwart) in zwei Gruppen hintereinander und 2 – 3 Meter auseinander. Dazwischen steht der Trainer oder die Trainerin mit vielen Bällen und schießt einen Ball möglichst gerade Richtung Tor mit entsprechender Stärke (die Kinder sollen den Ball ja spätestens 10 Meter vor dem Tor bekommen). Die beiden ersten Fußballer jeder Gruppe kämpfen nun um den Ball und sollen schnell den Torabschluss suchen. Danach bringen sie den Ball zum Trainer zurück und stellen sich hinten wieder an. Die Übungsdauer wird auf 5 – 6 Minuten (gilt auch für die folgenden Übungen) begrenzt und muss in schneller Abfolge durchgeführt werden. Bei sehr vielen Kindern wird ein zweites Tor mit Torwart eingesetzt (Betreuer oder Elternteil springt hier mit ein).

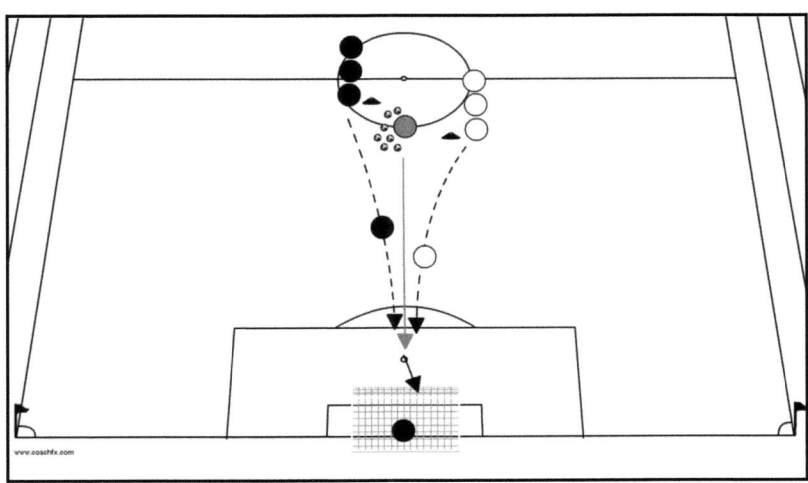

 # Hauptteil

* Ein Spielfeld mit einem besetzten Tor und zwei Zonen wird aufgebaut. In der äußeren Zone spielen sich 5 – 8 Spieler direkt und möglichst schnell zu den Ball zu. Die Spieler sind dabei permanent in Bewegung. Auf ein Trainerkommando dribbelt der jetzige Ballbesitzer auf das Tor zu und schließt mit einem Torschuss aus etwa 16 Metern ab.

Die Spieler in der zweiten Zone werden sofort mit einem weiteren Ball „gefüttert" und das Spiel beginnt von vorne.

Die Torschützen laufen mit ihrem Ball zurück, übergeben diesen dem Trainer und begeben sich wieder in die äußere Zone.

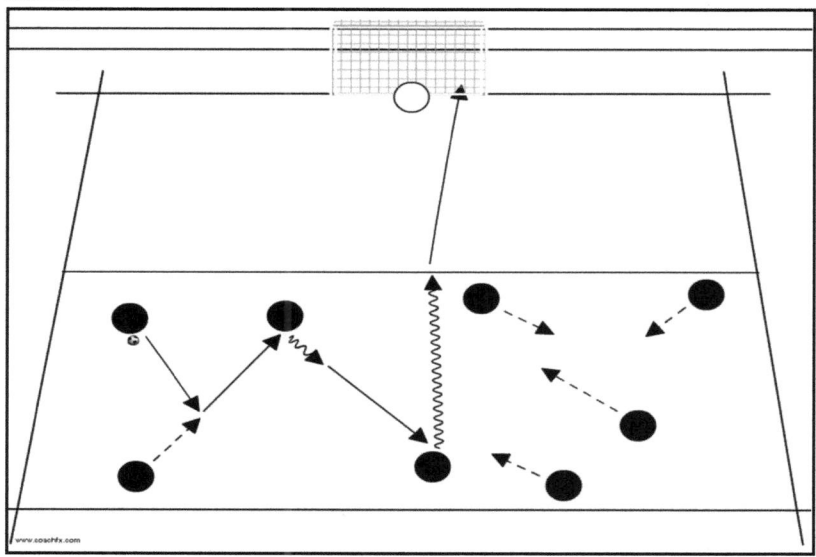

* Zwei Hütchen werden versetzt etwa 30 Meter vor dem Tor aufgestellt und wieder zwei Gruppen gebildet. Auf ein Trainerkommando starten die ersten Spieler jeder Gruppe. Der weiße Spieler mit Ball sucht den Torabschluss, der

Schwarze versucht, ihn daran zu hindern oder sogar selbst abzuschließen.

* Die beiden ersten Spieler starten auf ein Trainerkommando, umlaufen die Fahnen und kämpfen um den Pass des Trainers mit entsprechendem Torabschluss.

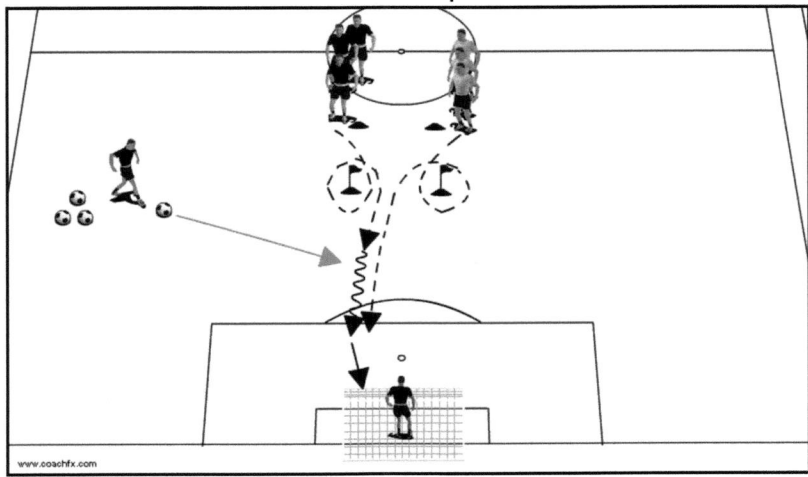

* Ein Tor wird mit einem Torwart besetzt. Vier Pylonen werden wie in der Zeichnung aufgebaut und mit je einem Spieler belegt, wobei Spieler A im Besitz mehrerer Bälle ist oder, wie in der Skizze mehrere Spieler mit Ball bei A stehen.

Spieler A passt zu B, dieser zu C, dieser wiederum zu D, der mit einem Torschuss abschließt. Danach beginnt die Übung von vorne. Hat der Spieler A alle Bälle weitergeleitet, werden diese gesammelt und die Übung wird wiederholt, allerdings rotieren alle Spieler eine Position weiter.Am Anfang dürfen alle Spieler den Ball kurz annehmen. Nachdem jeder Spieler alle Positionen ausprobiert hat, wird die Übung wiederholt, aber diesmal darf nur direkt abgespielt oder geschossen werden.

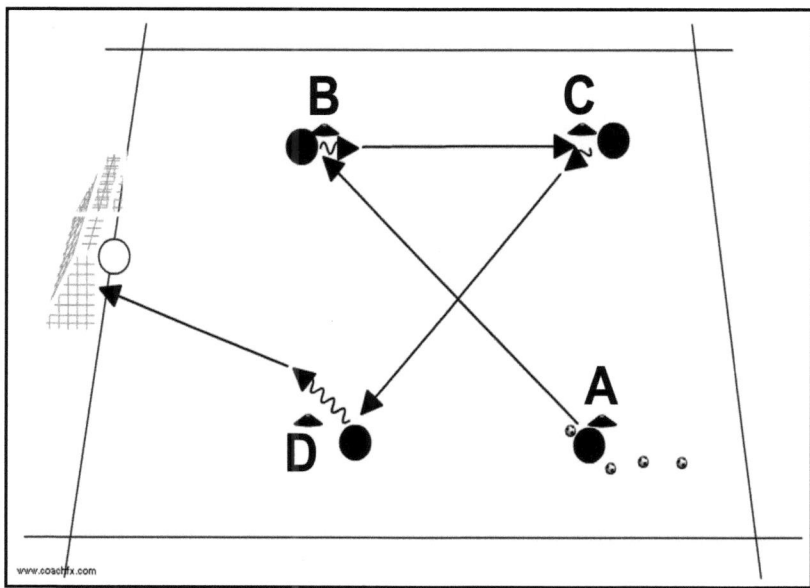

Hauptteil

* Bei dieser Übung laufen die Kinder parallel zur Toraußenlinie seitlich zum Tor an. Die Entfernung muss dem Alter und dem Leistungsstand entsprechend angepasst sein (Entfernung zum Tor etwa 10 – 15 Meter). Eine Gruppe läuft von links an und schließt dementsprechend mit dem rechten Fuß ab, die andere Gruppe von rechts und schließt mit dem linken Fuß ab. Die beiden Gruppen wechseln sich ab und tauschen nach einiger Zeit auch komplett die Seiten (beim Abschluss mit links kann die Torentfernung auch weniger als 10 Meter betragen, wegen der mangelnden Schusskraft für die meisten im linken Fuß). Es darf nur mit dem Innenspann abgeschlossen werden. Der Trainer oder die Trainerin markiert mit kleinen Pylonen die Torschusshöhe (sehr zentral vor dem Tor).

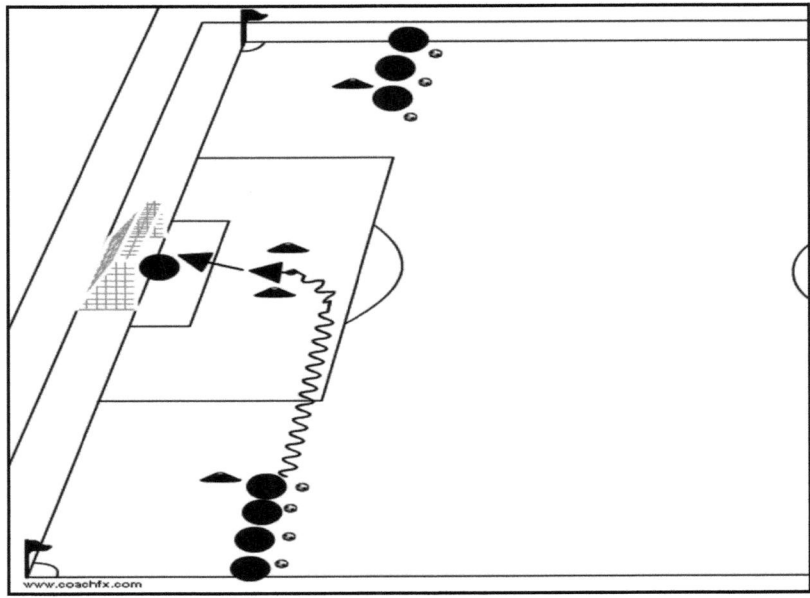

* Bei dieser Übung wird wieder ein Tor besetzt und drei Pylonen wie in der Zeichnung aufgebaut. Die Markierungshütchen C und B sind mit je einem festen Spieler belegt. Hinter Pylone A stehen mehrere Spieler mit Ball hintereinander. Der erste dieser Spieler passt zu B, dieser lässt den Ball zu C „abtropfen".

Spieler C passt nun direkt in den Lauf von A, der möglichst direkt den Torabschluss suchen soll.

Danach startet möglichst schnell der nächste Fußballer von der Pylone A usw.

Die „festen" Positionen werden relativ häufig gewechselt. Weiterhin empfiehlt es sich ab zwölf Spielern, die Übung an zwei Stationen durchzuführen, bzw. an der zweiten Station wird gleichzeitig eine andere Übung eingebaut.

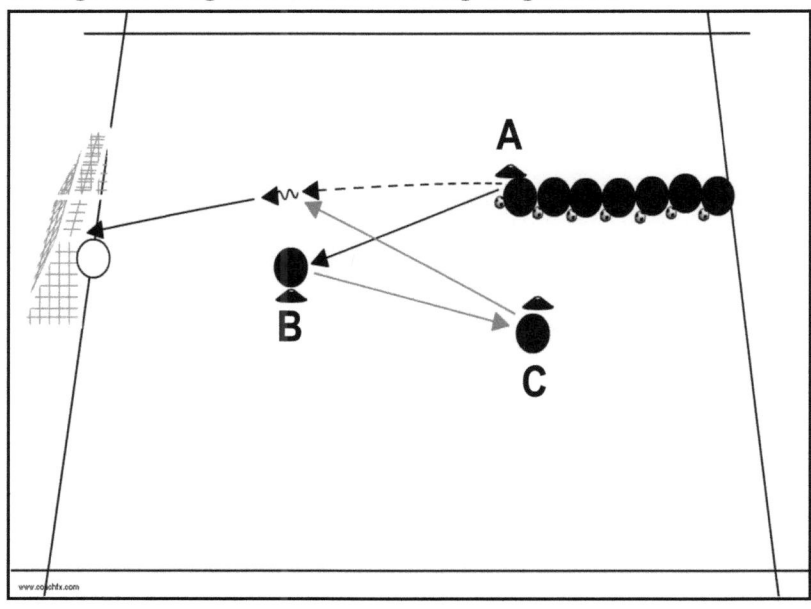

* Es wird mit Hürden, Stangen ein beliebiger Parcour aufgebaut, der den Leistungsstand der Kinder berücksichtigt. Ein Tor wird aufgebaut und mit einem Torhüter besetzt. Die Bälle sind bei dem Zuspieler und dem Werfer.

Der erste Fußballer ohne Ball springt über die Hürden, gefolgt von Skipping über die Stangen, ein Kopfball nach Zuwurf von unten mit einem nicht hart aufgepumpten Ball, ein Sprint Richtung Zuspieler, der den Spieler anspielt und mit einem Torschuss abschließt. Die Kinder sollen danach den Ball zum Zuspieler zurückbringen und zum Startpunkt zurückgehen. Die Betonung liegt auf „gehen", damit eine Erholungsphase gegeben ist. Die Übung wird dreimal je Spieler wiederholt.

* Bei dieser Übung wird auf ein großes besetztes Tor und zwei Pylonentore gespielt (siehe folgende Zeichnung). Das große Tor wird von vier Feldspielern (weiß) verteidigt. Sechs Gegenspieler (schwarz) stürmen auf das besetzte Tor,

müssen aber bei Ballverlust die „Hütchentore" schützen.
Der Abschluss auf das große Tor soll dabei so schnell wie möglich erfolgen.
Nach einigen Minuten werden die Verteidiger ausgetauscht.

Nach dieser Übung wird die ganze Situation „verschärft".
Jetzt wird die Angreiferzahl auf sieben erhöht. Es darf aber nur mit maximal drei Ballkontakten agiert werden.

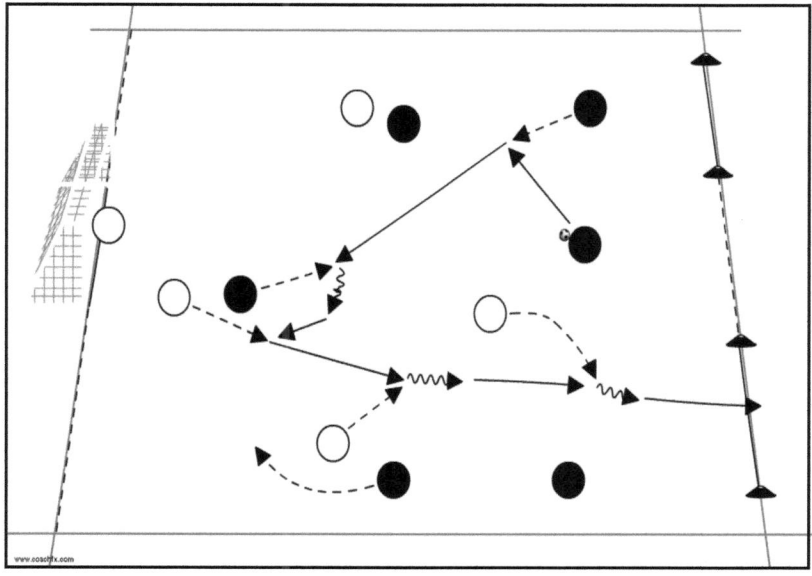

* Die folgende beschriebene Übung dient zur Förderung der Grundschnelligkeit und Konterqualität.
Sie wird nur mit 2 – 3 Durchgängen trainiert und bringt in Bezug auf Grundschnelligkeit nur einen Trainingseffekt bei vollkommen ausgeruhtem physischen Zustand.

Hauptteil

Bei Ermüdung, Erschöpfung oder Übersäuerung des Körpers ist diese spezielle Übung für ein Schnelligkeitstraining sinnlos. Weiterhin muss eine Pausenlänge von mindestens zwei Minuten eingehalten werden.

Alleine schon wegen dieser Pausenlänge werden nur 2 – 3 Durchgänge absolviert, um unnötige Langeweile zu vermeiden.

Außerdem fördert die Übung die Fähigkeit, den Ball im vollen Lauf mitzunehmen und mit einem schnellen Torschuss abzuschließen (Konterfähigkeit). Zur Schulung nur dieser Fähigkeit, kann die Übung auch unter einer leichten Trainingsermüdung erfolgen.

Übungsablauf: Die Kinder stehen etwa 45 – 50 Meter zentral vor dem Tor mit Torwart hintereinander in einer Reihe. Der Erste läuft an und beschleunigt submaximal (keine volle Beschleunigung), so dass er erst nach 20 Metern die höchste Laufgeschwindigkeit erreicht (bei voller Beschleunigung erreicht diese Altersgruppe die Höchstgeschwindigkeit schon nach 10 Metern). Die 20 Meter sind mit einem Pylonenpaar (parallel mit zwei Meter Abstand) markiert. Hier erreicht der Läufer seine Höchstgeschwindigkeit und hält diese über 10 Meter, dann durchläuft er ein zweites Hütchenpaar (gleich aufgestellt, etwa 10 Meter vom ersten Hütchenpaar entfernt), reduziert die Geschwindigkeit etwas und bekommt vom Trainer den Ball in den Lauf gespielt. Der kleine Fußballer soll nun den Ball mit dieser hohen Laufgeschwindigkeit verarbeiten, annehmen, kontrolliert vorlegen und mit einem wuchtigen Torschuss aus 10 – 15

Meter abschließen (je nach Schussstärke).

Nach diesem Torschuss startet der nächste Läufer, der Schütze befördert den geschossenen Ball wieder zum Trainer und stellt sich hinten in der Schlange wieder an.

Ist der Startläufer wieder an der Reihe, unterbricht der Trainer kurz und erklärt, welche Fehler gemacht wurden oder was noch besser gemacht werden kann (hier wird dann auch eine minimale Pausenlänge von zwei Minuten garantiert).

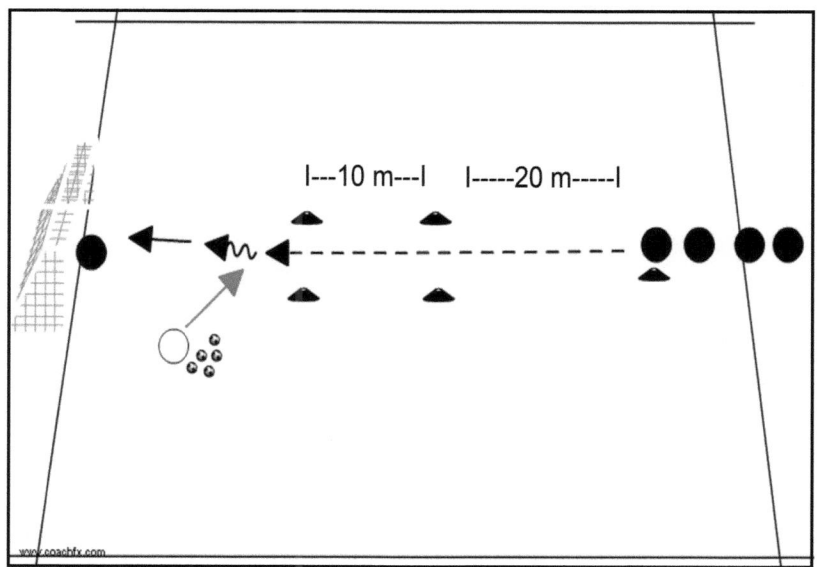

* Bei der dolgenden Übung passt Spieler A dem ersten Spieler B in den Lauf, dieser dribbelt Richtung Torauslinie und flankt zu den beiden Stürmern. Der Torwart und ein Abwehrspieler versuchen den Torerfolg zu verhindern.

Nach dieser Aktion spielt der Zuspieler A den nächsten Spieler B an und zwei neue Stürmer treten in Aktion.

Die aktiven drei Angreifer schließen sich nach Abschluss der jeweiligen Reihe wieder an.
Flankengeber, Anspieler, Stürmer und Abwehrspieler werden natürlich regelmäßig ausgetauscht.

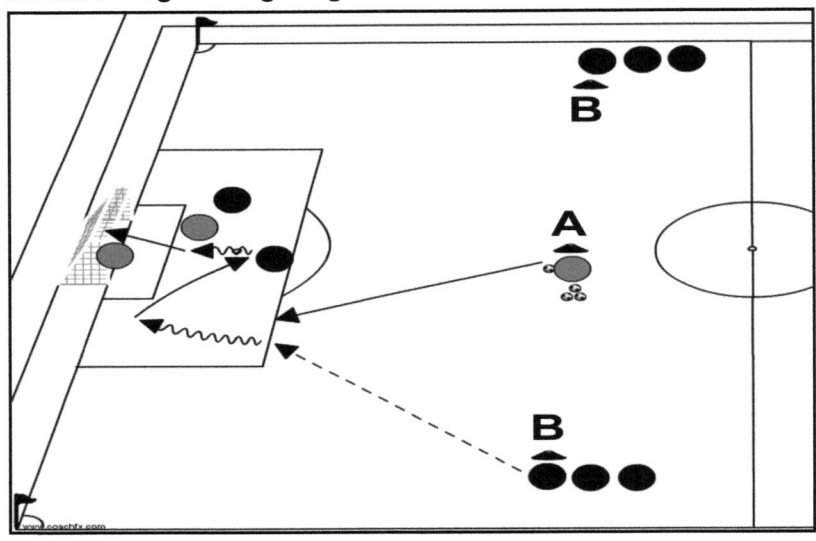

* Jetzt wird der Schwierigkeitsgrad der vorigen Übung erhöht. Zuspieler A spielt den Ball wieder zu dem ersten Spieler B. Diesmal wird der potentielle Flankengeber aber von einem Abwehrspieler Spieler C verfolgt. Dieser startet dabei etwas hinter B und soll ihn einholen und die Flanke verhindern. Spieler B darf die Flanke erst kurz vor der Torauslinie schlagen. An dieser Stelle soll den Spielern erklärt werden, dass sie den Abwehrspieler „kreuzen" sollen, sobald sie merken, dass er zu „nah" kommt.
Jetzt muss der Verfolger die Laufgeschwindigkeit reduzieren und wieder eine neue Laufrichtung einschlagen. Tut er dies

nicht, läuft er den Angreifer um, der dann einen Freistoß oder sogar einen Elfmeter zugesprochen bekommt.

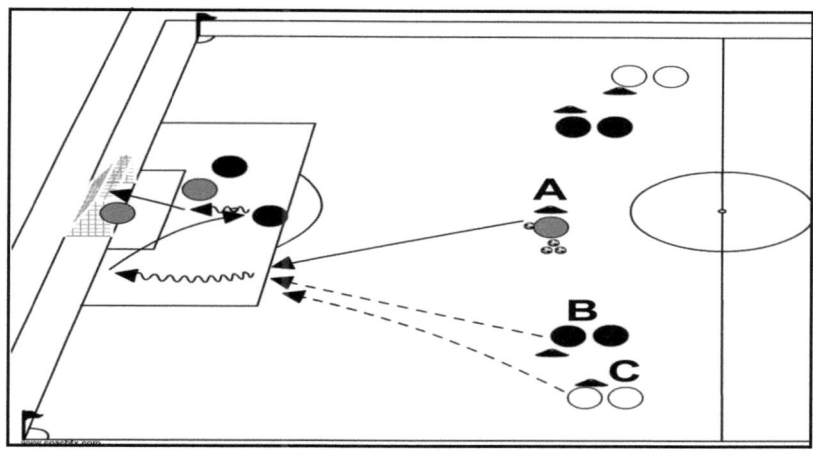

Vollspannstoßübungen

Im Folgendem wird ein kompletter Hauptteil des Trainings vorgestellt, in dem ausschließlich der Vollspannstoß (überwiegend Grundlagentraining) geübt wird.

Vorbereitende Übungen:

- Die Kinder halten den Ball mit beiden Händen vor dem Körper. Sie sollen dann den Ball etwas hochwerfen und den Ball etwa in Kniehöhe mit dem Vollspann mit mittlerer Stärke treffen. Der Ball soll dabei möglichst gerade nach vorn fliegen (diese Übungen werden am besten vor einem großen Tor durchgeführt, damit die Laufwege zum Ball nicht zu lang werden). Es werden beide Füße abwechselnd trainiert.

Hauptteil

- Diesmal soll der Ball mit dem Vollspann getroffen, senkrecht nach oben geschossen werden.

- Gleiche Übung, aber jetzt stehen die Spieler 2 – 3 Meter vor dem Tor und sollen den Ball hoch ins Netz schießen.

- Gleiche Übung wird jetzt mit höchster Intensität trainiert.

- Gleiche Übung, aber jetzt soll der Ball in Dropkickform getroffen werden.

- Jetzt wird ein Strafstoßschießen mit Vollspann geübt abwechselnd mit links und rechts und auf zwei Tore, damit eine Übungshäufigkeit garantiert ist. Auch wenn die Übungen mit dem schwachen Fuß wirklich sehr „erbärmlich" aussehen, trainieren wir in E- und D-Jugend beidfüßig.
„Was Hänschen nicht lernt, lernt Hans nimmer mehr", lautet hier die Devise.

Diese Grundübungen oder andere, werden beim Training wiederholt eingesetzt, bis eine Grundtechnik vorhanden ist und dynamische Übungen sinnvoll eingesetzt werden können (für die nächsten Übungen Voraussetzung).

* Der erste Spieler mit Ball passt den Mittelfeldspieler an und läuft seinem Anspiel hinterher. Der Mittelfeldspieler spielt direkt zu dem Spieler an der Strafraumgrenze. Dieser lässt wieder abprallen, worauf der Mittelfeldspieler mit einem Torschuss abschließt. Die Entfernungen sollten der jeweiligen Schusskraft der Mannschaft angepasst sein!

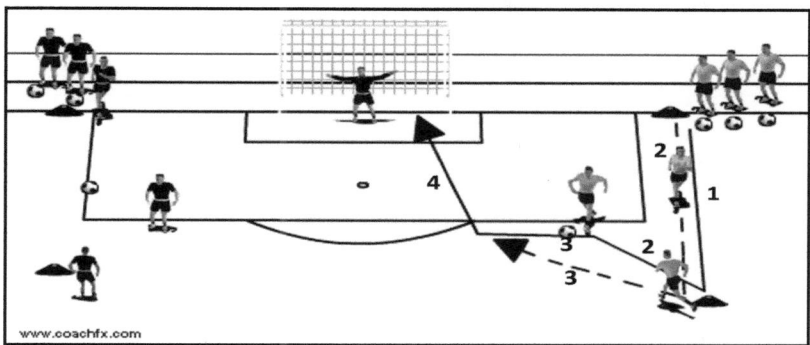

www.coachfx.com

* Der Trainer steht mit vielen Bällen im Tor. Die Kinder stehen 20 Meter zentral vor dem Tor in einer Reihe. Der Trainer schießt den Ball leicht Richtung erstem Schützen, so dass er den Ball etwa 10 – 15 Meter vor dem Tor erwischt. Der Fußballer läuft dem Ball entgegen und soll ihn mit voller Wucht und Vollspann auf den Trainer abfeuern. Dieser versucht, auszuweichen und passt mit höchstmöglicher Geschwindigkeit auf den nächsten Schützen usw.

Danach wird die Übung leicht verändert, jetzt sollen die Kinder den Ball genau „in den Winkel" rechts oder links oben platzieren.

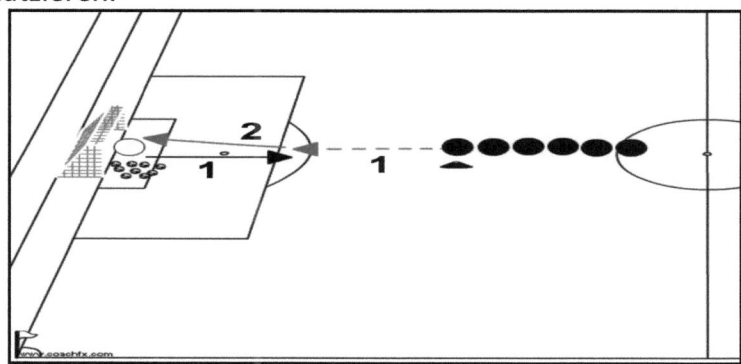

Hauptteil

Übungen für Doppelpass und sicheren Torschuss

* Bei der folgenden Übung trainieren wir direktes Spiel und den sicheren Torabschluss. Ein Tor wird mit einem Torwart besetzt. Bei einer hohen Spieleranzahl sollte auf zwei Tore trainiert werden.

Die Pylonen werden wie in der Zeichnung aufgestellt. An den Markierungshütchen A, B und C steht jeweils ein Spieler. Bei D stehen mehrere Spieler hintereinander.

A passt auf B, B spielt an C direkt weiter und C direkt in den Lauf von D, der mit einem Torschuss abschließt. Sofort nach dem Torschuss startet die nächste Runde und der zweite Spieler bei D beendet das Ganze wieder mit einem Torschuss. Die Schützen holen sich ihren Ball zurück und stellen sich wieder an der Pylone D hinten an.

Die jeweiligen Positionen werden relativ häufig getauscht.

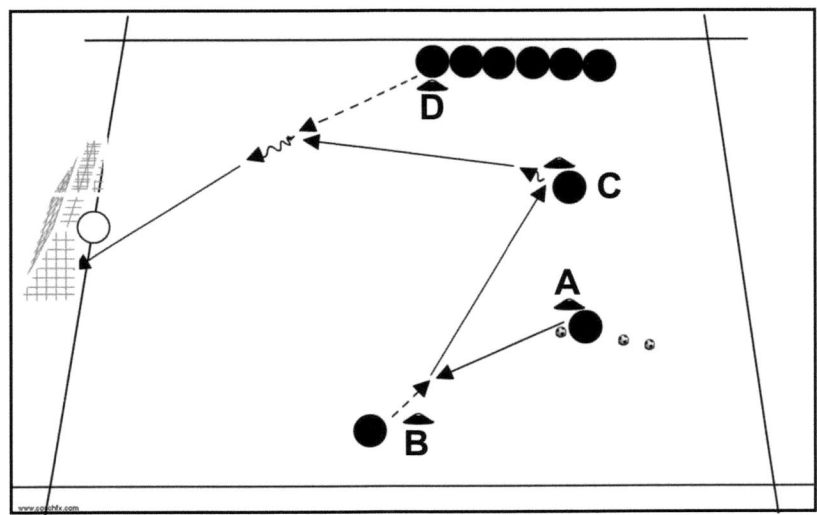

* Ein Tor wird besetzt, der erste Spieler in der Reihe spielt nacheinander mit den festen Positionsspielern Doppelpass und schließt mit einem Torschuss aus 15 Metern ab.

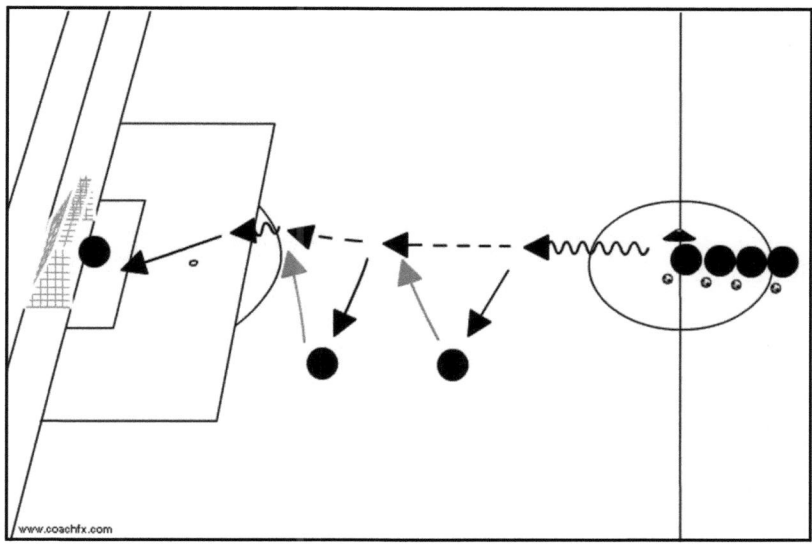

* Jetzt werden zwei oder vier Felder, wie in der Zeichnung erstellt, je nachdem ob die Übung an ein oder zwei Stationen trainiert wird. Die Tore sind besetzt. Im Feld des Torbereiches stehen zwei Abwehrspieler und zwei Stürmer. Im Mittelfeld spielen vier Angreifer in Ballbesitz gegen einen Abwehrspieler.

Sie müssen sich den Pass fünfmal direkt zuspielen (oder maximal zwei Ballkontakte). Der Abwehrspieler versucht, dies zu verhindern.

Hauptteil

Nach dem fünften erfolgreichen Pass, läuft der Ballbesitzer in das andere Feld (der Abwehrspieler darf ihn immer noch daran hindern) und sucht den schnellen Torabschluss mit den beiden Stürmern.

Alle anderen Spieler dürfen das hintere Feld nicht verlassen.

Sollte der Abwehrspieler in Ballbesitz kommen, darf er ungehindert in das andere Feld. Hier werden nun die Rollen getauscht, die Abwehrspieler werden zu Stürmern und umgekehrt.

Wehrt der Abwehrspieler den Ball gegen seine vier Gegenspieler ins „Aus" ab, beginnt die Übung von vorn.

Nach einem Angriff wird die Übung ebenfalls wiederholt.

Die Positionen werden natürlich regelmäßig getauscht.

Wird die Übung parallel an einer zweiten Station trainiert, gewinnt z.B. die Mannschaft, die zuerst drei Tore erzielt.

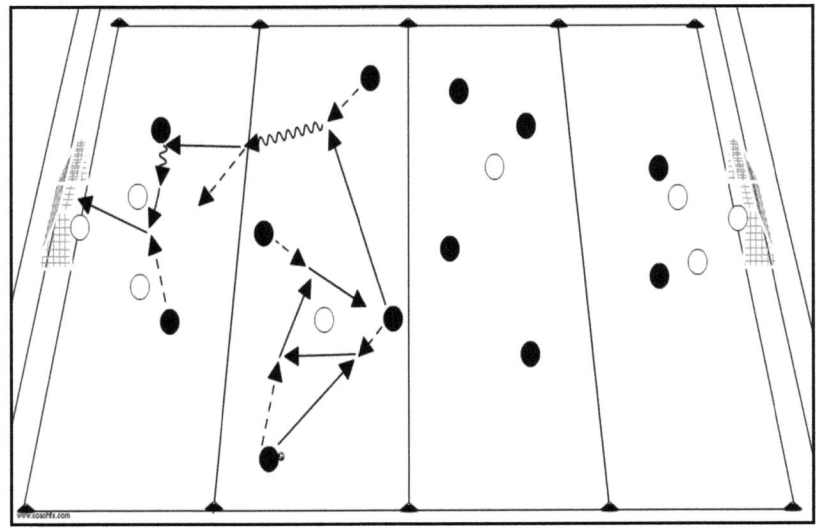

Hauptteil

Fintentraining

Der Trainer oder die Trainerin erklärt zunächst einmal leichte Finten, die die Kinder dann mit Ball, und erst einmal nur mit imaginärem Gegner üben sollen. Die Übungsdauer wird auf 5 Minuten begrenzt.

Im Anschluss werden weitere Finten erklärt, die an Schwierigkeitsgrad zunehmen. So ergibt sich durch Austausch eine Vielzahl kompletter Trainingstage.
Zur Verbesserung und Einprägung dieser Techniken, sollten Finten natürlich in mehreren Einheiten wiederholt werden. Die Art der Finten wird dem Alter und der Leistungsfähigkeit der Kinder angepasst.

Finte 1: Die Spieler dribbeln mit Ball, täuschen einen Schuss kurz vor dem Gegenspieler an, dribbeln aber an ihm vorbei (hier ist die Hoffnung darauf gelegt, dass der Gegenspieler durch einen Schutzreflex oder Abwehrversuch des möglichen Torschusses kurz abgelenkt ist, und deswegen leicht umspielt werden kann).

Finte 2: Es wird wieder ein Schuss wie in Finte 1 angetäuscht, diesmal vollzieht der Spieler aber eine komplette Drehung mit Ball (360°) und zieht mit Ball an der anderen Seite vorbei. D.h., er täuscht einen Schuss mit rechts an, dreht sich mit Ball rechts um die eigene Achse und umspielt den Gegenspieler auf der linken Seite (dementsprechend mit dem linken Fuß umgekehrt).

Hauptteil

* Die Hauptübung dauert etwa 10 Minuten. Ein Tor ist besetzt, etwa 15 Meter zentral vor dem Tor postiert sich der Trainer oder die Trainerin. 10 Meter weiter davor stehen die Spieler hintereinander in einer Reihe. Mit Betreuer oder Co-Trainer wird an zwei Stationen gleichzeitig trainiert, an jeder Station nur eine Finte mit Wechsel nach etwa 5 Minuten. Die Spieler laufen zügig nacheinander auf den Trainer an und üben ihre Finte aus, ziehen am Trainer vorbei und schießen aus etwa 10 Meter Entfernung auf das Tor. Der Trainer ist natürlich nur ganz leicht aktiv tätig.

Bei dieser Übung sollte der Torwart häufig gewechselt werden.

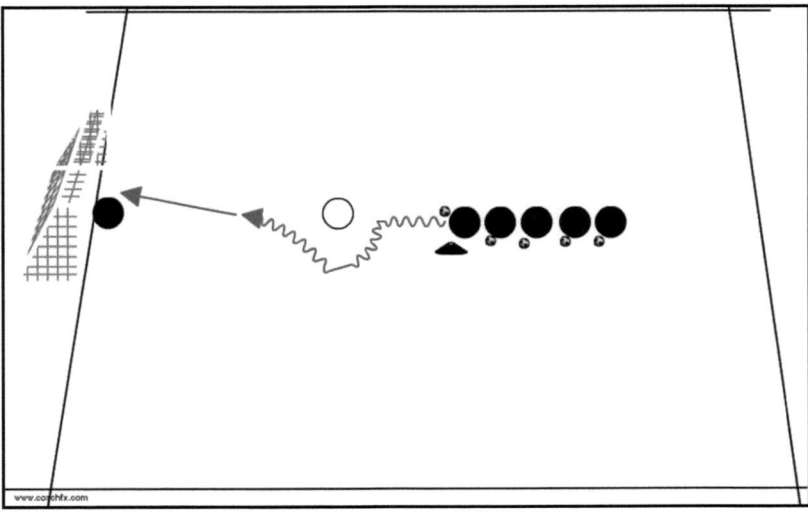

Hauptteil

Weitere Finten, die je nach Leistungsstand trainiert werden könnten:

* Die häufigste Finte ist die Körpertäuschung mittels Ausfallschritt. Diese ist leicht zu lernen und findet in allen Spielklassen Anwendung.
Der Spieler macht einen Ausfallschritt nach links und nimmt den Ball explosionsartig mit.
Variation: Der Spieler steigt mit dem rechten Bein von außen über den Ball und nimmt ihn ebenfalls mit dem rechten Außenrist mit (Übersteiger nach innen).

* Der Spieler dribbelt mit mäßigem bis hohem Tempo. Dann zieht er den Ball mit der Sohle zurück und nimmt ihn explosionsartig mit der Innenseite oder dem Spann wieder mit.

* Hier wird der Ball mit dem Außenrist um den Gegner gespielt.

Hauptteil

* Der Spieler steigt mit dem rechten Bein von innen nach außen über den Ball und nimmt diesen mit dem linken oder rechten Außenrist seitlich mit.

Mit dem rechten Bein über den Ball steigen, dann den Ball mit der Sohle rückwärts ziehen. Anschließend erfolgt der Richtungswechsel mit dem Außenrist.

Hauptteil

* Die folgende Übung ist eine kombinierte Dribbel- und Fintenübung und wird in der Regel auf zwei Tore gleichzeitig trainiert. Startpylonen, ein rechteckiges Feld und ein Anspieler werden wie in der untenstehenden Zeichnung aufgebaut. Die Spieler stehen jeweils mit Ball am „Starthütchen" hintereinander.

Ablauf: Der erste Spieler dribbelt in das kleine Rechteck, führt dort eine vorgegebene Finte aus, dribbelt durch die Pylonen, spielt mit dem Anspieler Doppelpass und schließt mit einem Torschuss auf das besetzte Tor ab.
Nun folgt der nächste Fußballer usw.

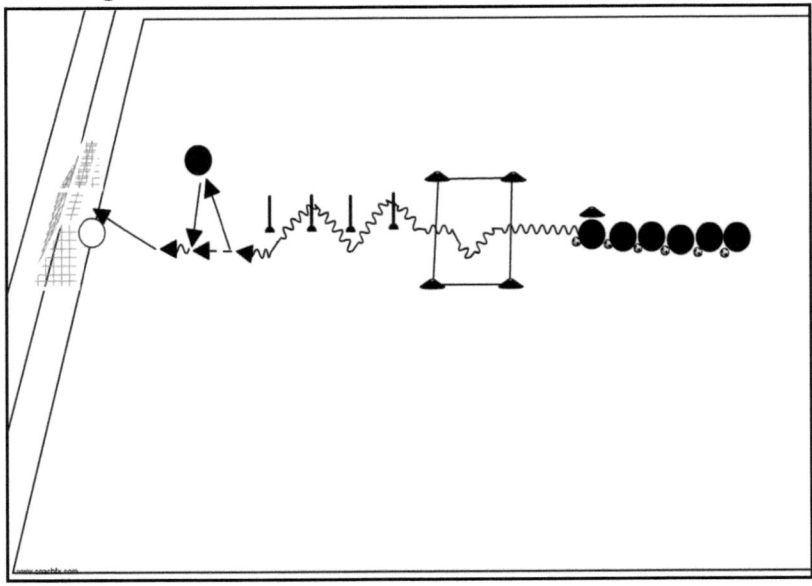

Hauptteil

Dribbel -und Zweikampftraining

* Bei dieser Hauptübung wird ein Dribbelwettkampf durchgeführt.

Es werden zwei Mannschaften gebildet. Auf ein Startkommando laufen die Startläufer mit Ball los, durchdribbeln die Stangen. Dann durchlaufen sie das Tor innen (weiße Fahnen), umrunden die ausgewählte Fahne, müssen außen um die Pylone und dürfen jetzt zurückdribbeln oder passen. Der Ball darf erst zum nächsten Spieler gepasst werden, wenn sich der ballführende Spieler auf Höhe der letzten Stange befindet. Bei einem ungenauen Pass kann hier also Zeit verloren gehen. Die Mannschaft, die ihren letzten Dribbler mit Ball über die Startlinie bekommt ist natürlich Sieger.

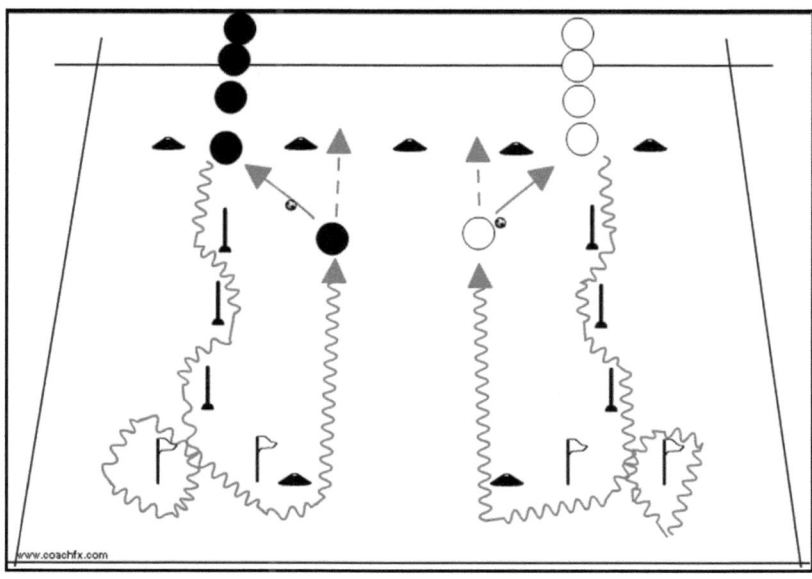

Hauptteil

* Im Anschluss daran wird eine Dribbel- und Geschicklichkeitsübung eingebaut.

Bei dieser Übung passt Spieler A zu Spieler B, dieser dribbelt mit dem Ball zu der Position von Spieler A und übergibt dem nächsten Spieler den Ball und stellt sich dort hinten an. Spieler A durchläuft die Fahnenstangen im Slalom mit höchster Geschwindigkeit und stellt sich auf der anderen Seite an usw.

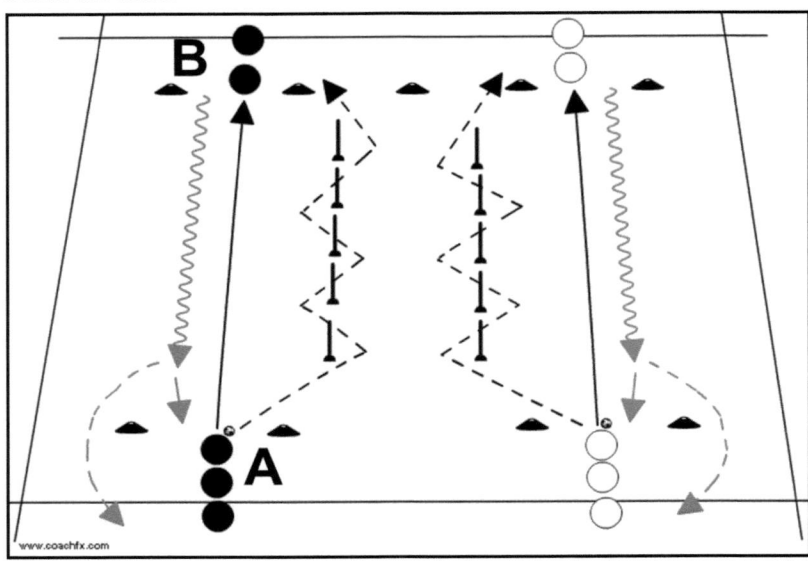

Hauptteil

* Jetzt wird auf ein großes besetztes Tor und zwei „Hütchentore" an der linken und rechten Außenlinie gespielt, wie in der folgenden Zeichnung erkennbar.

Ein Anspieler wird ebenfalls ausgesucht, der sich zwischen den beiden „Pylonentoren" postiert. Angreifer und Verteidiger werden paarweise zugeordnet.

Ein Paar steht im Feld, die anderen warten an der Außenlinie. Der Anspieler bringt mit einem Einwurf den Angreifer ins Spiel, dieser versucht im Kampf „1 gegen 1" auf das große Tor abzuschließen. Erobert der Verteidiger den Ball, soll er diesen in ein „Hütchentor" befördern. Hierbei darf aber auch der Anspieler aktiv als Verteidiger eingreifen.

Nach Abschluss geht das nächste Paar ins Feld usw. Die Übung wird an zwei Stellen gleichzeitig trainiert oder in ein Training mit verschiedenen Stationen eingebaut.

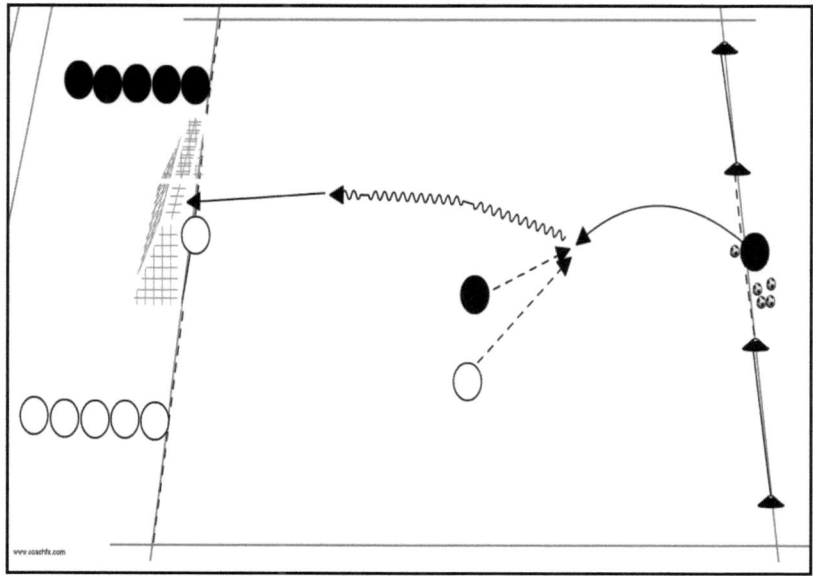

75

Hauptteil

* Es wird ein Quadrat von etwa 30 x 30 Meter abgesteckt. An jeder Pylone stehen mehrere Spieler hintereinander. Bei zwei Gruppen hat jeder einen Ball. Der erste Spieler dribbelt ins Feld und passt diagonal zu seinem Gegenspieler. Dieser nimmt den Ball an und versucht im 1 gegen 1 die gegenüberliegende Seitenlinie mit enger Ballführung zu erreichen. Erlangt aber der Verteidiger den Ball, versucht dieser die andere Linie zu erreichen.

Danach startet die andere „Diagonale" usw.

Diese Übung kann auch in Wettkampfform mit Punktevergabe ausgetragen werden.

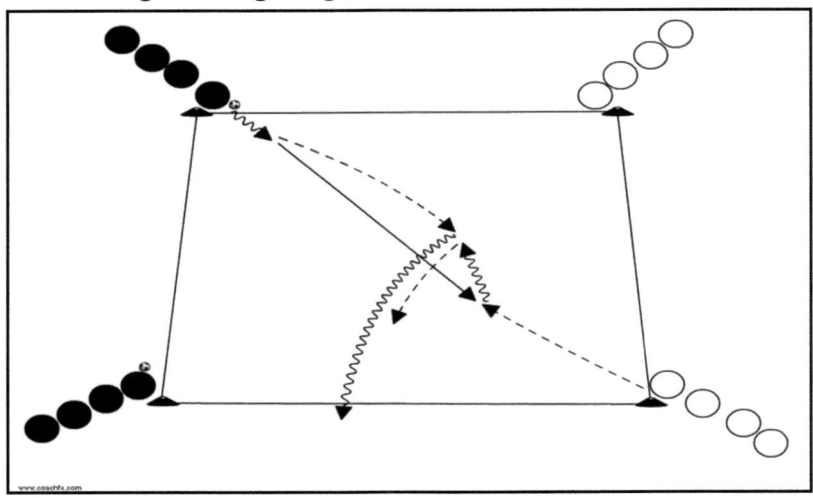

* Die jetzt beschriebene Übung ist hervorragend zur Schulung des Zweikampfverhaltens und der fußballspezifischen Ausdauer geeignet. Es werden zwei Mannschaften gebildet von z.B. je sechs Spielern, die jeweils von eins bis sechs

durchnummeriert werden. Wiederum wird ein Quadrat mit einer Seitenlänge von etwa 30 Metern abgesteckt. In der Mitte des Feldes liegt ein Ball. An zwei Diagonalen stehen die beiden Mannschaften ohne Ball.

Der Trainer ruft jetzt „Nummer 1". Die beiden Spieler, die mit dieser Zahl benannt wurden, sprinten zum Ball. Sie versuchen diesen jeweils zuerst zu erreichen und in Ballbesitz zu bleiben.

Nach 30 Sekunden ruft der Trainer „Nummer 2". Jetzt wird 30 Sekunden 2 gegen 2 gespielt. Nach weiteren 30 Sekunden 3 gegen 3 usw.

Ist auch der sechste Spieler 30 Sekunden auf dem Feld, ruft der Trainer „Nummer 1" und die betreffenden Spieler verlassen den Platz. Zum Schluss spielen nur noch die „Spieler 6" 30 Sekunden 1 gegen 1 und dann ist die Übung beendet.

Diese Übung ist ab der D-Jugend sinnvoll, hierbei sollten die einzelnen Intervalle aber auf 30 Sekunden begrenzt bleiben.

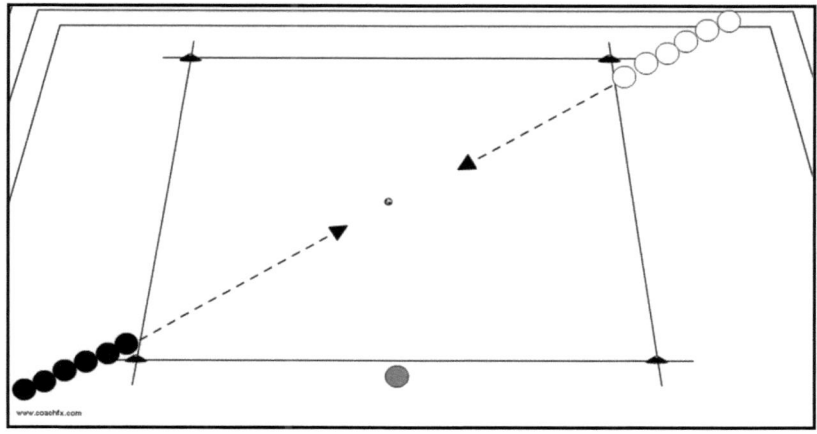

* Hier haben wir eine interessante Übung in Bezug auf **„Übernehmen / Übergeben"**.

Es werden jeweils zwei Hütchen mit einem Abstand von etwa 20 Metern aufgebaut. An jedem Hütchen stehen drei Kinder hintereinander, auf einer Seite hat jedes einen Ball.

Auf Kommando starten die ersten Kinder der Ballreihen mit einem Tempodribbling in Richtung des anderen Hütchens. Gleichzeitig starten die entsprechenden kleinen Fußballer von der anderen Seite entgegen. Ist ein Abstand von 2 – 3 Metern erreicht, erfolgt ein kurzer Pass zum Mitspieler. Dieser dribbelt nun weiter zum anderen Hütchen und stellt sich dort wieder an. Jetzt starten die nächsten Spieler usw.

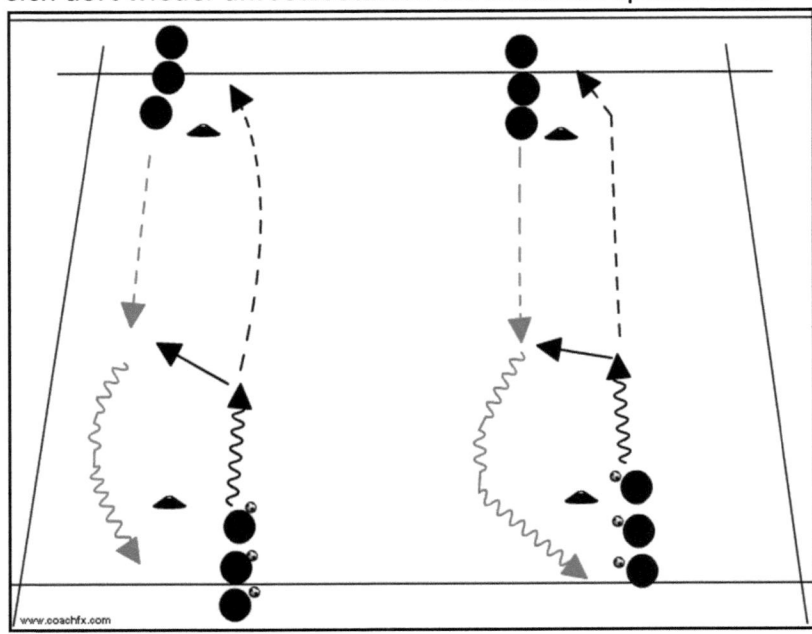

www.coachfx.com

Danach erfolgt die gleiche Übung, aber diesmal wird der Ball nur ganz kurz vor dem Mitspieler einfach „liegengelassen", der Partner versucht den Ball mit hoher Geschwindigkeit, kontrolliert und dribbelnd, mitzunehmen.

Als Nächstes wird der zuerst Ballführende rechts parallel von einem Gegenspieler (nur leicht aktiv und störend) begleitet. Der Ball wird wieder kurz vor dem Mitspieler „liegengelassen" (natürlich kommt der Partner von der anderen Seite, damit er nicht mit dem Gegenspieler kollidiert). Der Partner versucht wieder den Ball mit hoher Geschwindigkeit, kontrolliert und dribbelnd, mitzunehmen.
Zum Abschluss dieser Übungsreihe wechseln Gegenspieler und übernehmender Mitspieler die Laufseiten.

* Die gleiche Übungsreihe erfolgt nun etwa 18 Meter vor dem Tor. Die Spieler laufen also parallel zur Torlinie aufeinander zu. Der ballübernehmende Spieler schließt dann mit einem Torschuss aus einer Torentfernung von etwa 15 Metern (Innenspannstoß) ab.
Der Trainer achtet darauf, dass jeder Spieler in den verschiedenen Rollen agiert (Ballübergeber/Ballübernehmer mit Torschuss/Verfolger in der letzten Übungsreihe).

Hauptteil

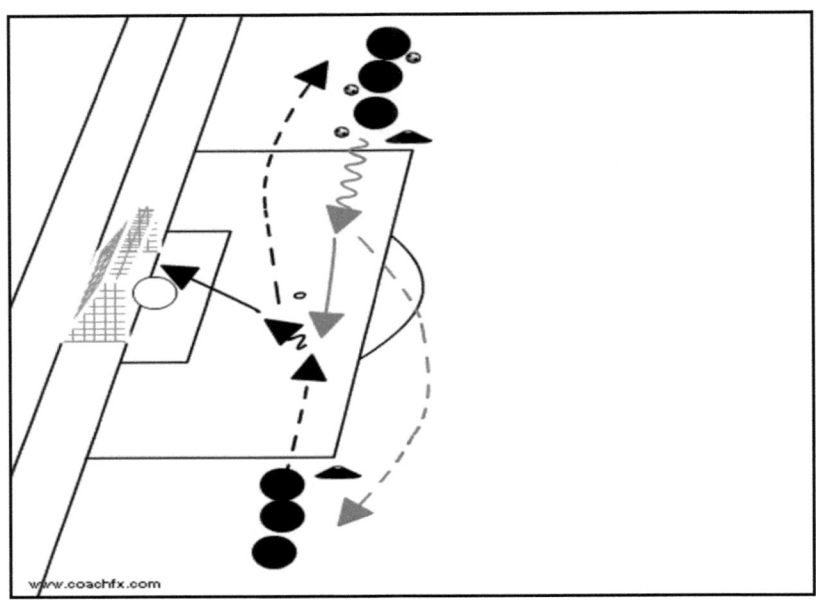

www.coachfx.com

Komplexe Übungen

* Bei dieser interessanten Übung können wir die gesamte Mannschaft sinnvoll beschäftigen und vielfältige technische Trainingsreize setzen.

Übungsaufbau: siehe nächste Seite.

Übungsablauf: A spielt den weiten Pass zu B, der zu C weiterpasst. Nach einer kurzen Ballkontrolle spielt C Spieler D in den Lauf. Dieser nimmt den Ball im vollen Lauf an und dribbelt zur Torauslinie und flankt den Ball in den Strafraum.

Hauptteil

Zwei Stürmer versuchen gegen einen Torwart und einen Abwehrspieler ein Tor zu erzielen.

Nach jedem Durchgang rücken die Spieler A bis D eine Position weiter.

Natürlich werden auch die Stürmer und Abwehrspieler gelegentlich getauscht.

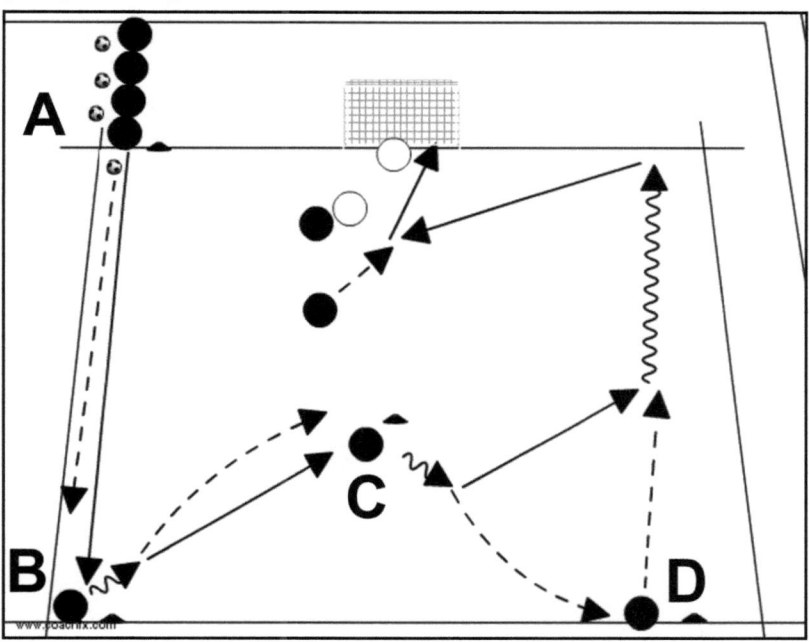

* Hier beschreiben wir eine leichte Eckballübung.

Die beiden Flankengeber stehen nun mit ihren Bällen weiter vom Tor entfernt an der Torauslinie und bringen abwechselnd Eckbälle herein.

Die Entfernung wird so gewählt, dass alle Spieler brauchbare Flanken hereinbringen können. Ein Spieler steht

81

im Tor mit Unterstützung eines Abwehrspielers. 20 Meter zentral vor dem Tor stehen die Kinder in Zweiergruppen hintereinander. Wenn sie gemeinsam Richtung „Tor" laufen erfolgt eine Flanke von links oder rechts. Die beiden Spieler sollen nun irgendwie zum Torerfolg kommen (Direktabnahme, Kopfball, Dribbling oder Abspiel), der Abwehrspieler und der Torwart sollen sie daran hindern. Nach dieser Aktion wird der Ball zum Flankengeber zurückgepasst. Das nächste Paar startet und die vorherige Zweiergruppe stellt sich in der Reihe hinten wieder an.

Nach einiger Zeit werden die Positionen natürlich wieder getauscht.

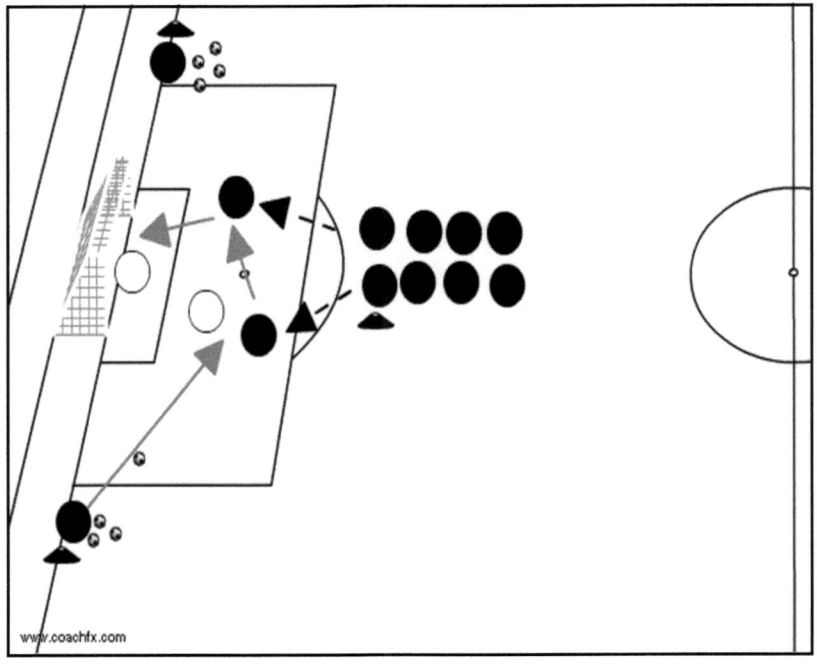

Hauptteil

* Die nächste Übung ist anspruchsvoller und schult das beidbeinige Flankentraining.

Es werden 3 Gruppen gebildet, wobei die Positionen nach einiger Zeit getauscht werden. Die Spieler in der Mitte erhalten jeweils einen Ball. Der erste Spieler mit Ball spielt diesen in den Lauf des Flankengebers. Dieser durchdribbelt den Hütchenparcour, dribbelt weiter bis zur Toraußenlinie und flankt den Ball auf den mitgelaufenen Mittelspieler. Dieser versucht die Flanke zu verwerten. Jetzt erfolgt die nächste Flanke von der anderen Seite, usw.

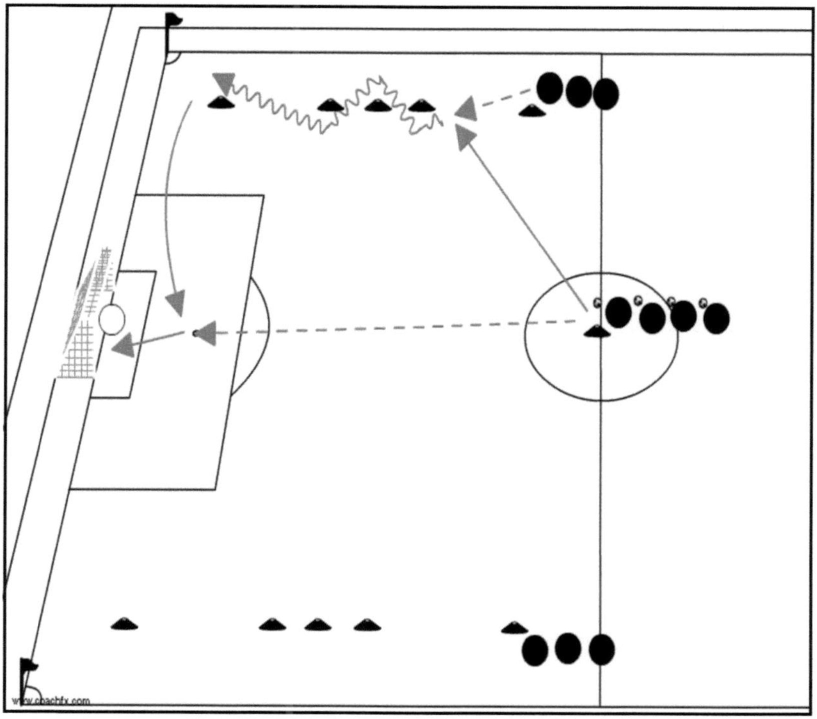

# Abschlussspiele

Die Abschlussspiele sollten in der D-Jugend 30 – 50% fast jeder Trainingseinheit ausmachen.

Was meinen wir mit Abschlussspiele?

Ein **„freies" letztes Abschlussspiel** sollte in der Regel immer erfolgen, die taktischen Anweisungen sind hier sehr begrenzt, jeder darf vorne oder hinten agieren.
Der Trainer oder die Trainerin spielt aber Schiedsrichter, Streitschlichter, Ratgeber usw.

In der D-Jugend sollten 2 – 3 Abschlussspiele eingebaut werden. Und nur das Letzte davon ist ein „freies" Abschlussspiel. Die Anderen beinhalten das Training von Kondition, Technik und / oder Taktik.
Die Abschlussspiele in der E-Jugend werden den kognitiven und technischen Fähigkeiten angepasst.

Vermieden werden sollten Abschlussspiele, in denen die Jugendlichen sich selbst überlassen sind. Schnell werden zwei Mannschaften gebildet, die ohne jede taktische Anweisungen gegeneinander spielen. Vielleicht geht der Trainer oder die Trainerin schon duschen, fährt früher nach Hause oder hält mit einem anderen Trainer ein Schwätzchen, die Kinder / Jugendlichen bleiben sich selbst überlassen.

Abschlussspiele

Beispiele für anspruchsvolle Abschlussspiele

* Bei diesem ersten beschriebenen Abschlussspiel trainieren wir den schnellen Angriff in Überzahl und den Konter. Gespielt wird auf zwei besetzte Tore. Die angreifende Mannschaft stellt vier Stürmer, die abwehrende drei Verteidiger.

Bei der verteidigenden Mannschaft stehen vier Spieler außerhalb des Spielfeldes neben dem Tor, bei der angreifenden Mannschaft drei Spieler außerhalb neben ihrem Tor.

Übungsablauf:

1. Der Angriff muss innerhalb von zwei Minuten abgeschlossen sein, ansonsten müssen die Angreifer vom Feld und die drei wartenden Mitspieler werden zu Verteidigern.

Die wartenden vier Spieler werden jetzt zu Stürmern und bekommen den Ball usw. Jeder Angriff wird aber immer wieder auf zwei Minuten begrenzt.

2. Erlangen die Abwehrspieler den Ball, müssen sie sofort einen Konter einleiten und dürfen nur nach vorne laufen oder dribbeln. Sie suchen also den bedingungslosen Torabschluss. Nach dieser Aktion, egal ob Torabschluss oder Wiedererlangen des Ballbesitzes für die Stürmer, wird es auf die zwei Minuten angerechnet.

3. Beenden die Stürmer mit einem Torabschluss, wechselt

natürlich auch das Angriffsrecht mit den jeweils neuen Spielern. Ecken und Freistöße werden ausgeführt, wenn sie innerhalb der zwei Minuten stattfinden.

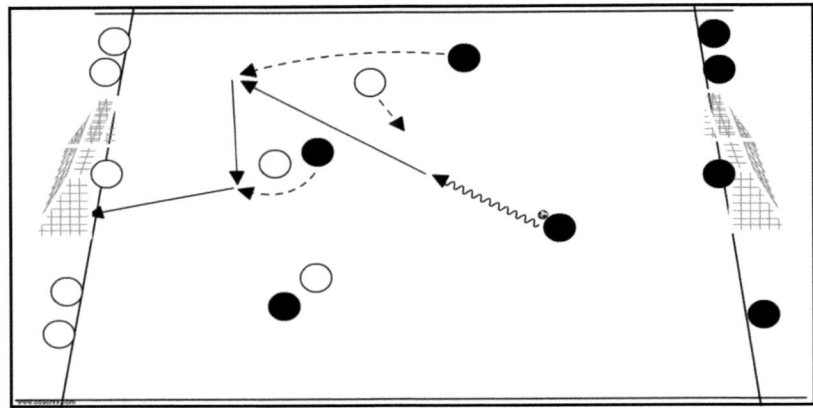

* Hier wird ein Abschlussspiel auf vier Tore gespielt.

* Jetzt wird ein Spielfeld mit zwei Toren aufgebaut. Vor einem Tor wird ein Angriffsfeld markiert (etwa ein Drittel des gesamten Spielfeldes).

 # Abschlussspiele

Es werden zwei Mannschaften mit jeweils einem festen Torwart gestellt.
Die Anzahl der Feldspieler beträgt 5 – 7 pro Mannschaft.

Übungsablauf:
1. Eine Mannschaft spielt auf das Tor mit dem Angriffsfeld. Schießt sie ein Tor mit einem Distanzschuss außerhalb des Angriffsfeldes, wird dieses Tor doppelt gewertet.

2. Dribbelt die Mannschaft in das Angriffsfeld und erzielt dann ein Tor, zählt dieses auch doppelt. Alle anderen Tore, auch die der gegnerischen Mannschaft (diese spielt ja auf kein Angriffsfeld), zählen einfach.

3. Nach zehn Minuten werden die Seiten gewechselt und die andere Mannschaft spielt auf das Tor mit dem Angriffsfeld. Sieger nach 20 Minuten ist natürlich die Mannschaft mit den meisten Torpunkten (hier Torpunkte, weil manche Tore ja doppelt zählen).

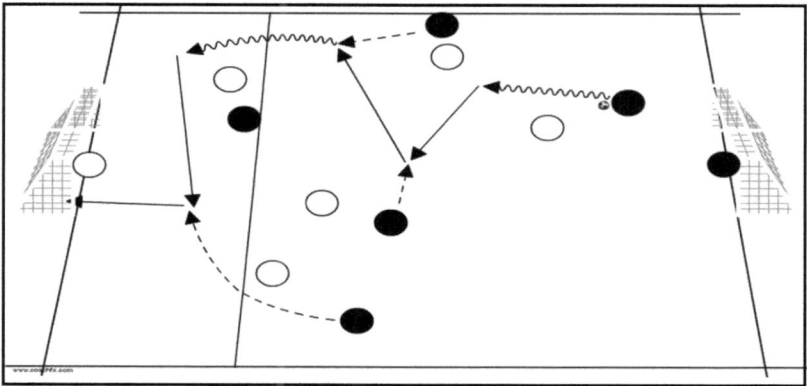

 # Abschlussspiele

* Bei dem folgenden Abschlussspiel wird sehr stark die fußballspezifische Ausdauer trainiert.

Mehrere kleine Tore mit Pylonen werden in einer Spielfeldhälfte aufgebaut. Es spielen mindestens „6 gegen 6". Der Ball soll durch ein Tor gespielt werden, wobei ein Mitspieler diesen Ball hinter dem Tor annehmen muss, damit ein reguläres Tor erzielt wird. Die Spieldauer beträgt etwa 10 Minuten.

Der Trainer muss darauf achten, dass alle Spieler ständig in Bewegung sind, und nicht permanent hinter einem Tor auf das Anspiel warten.

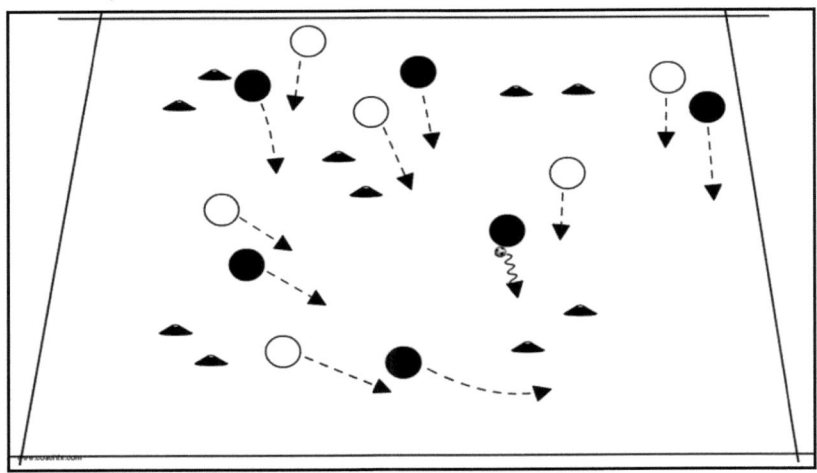

* Bei dieser Übung wird 5 bis 7 gegen 5 bis 7 auf zwei große und besetzte Tore gespielt. Erobert eine Mannschaft den Ball in der eigenen Spielfeldhälfte, müssen in dieser erst vier Pässe gespielt werden, bevor in die gegnerische Hälfte gepasst werden darf.

Variation: Unter den mindestens vier Pässen muss ein Doppelpass integriert werden.

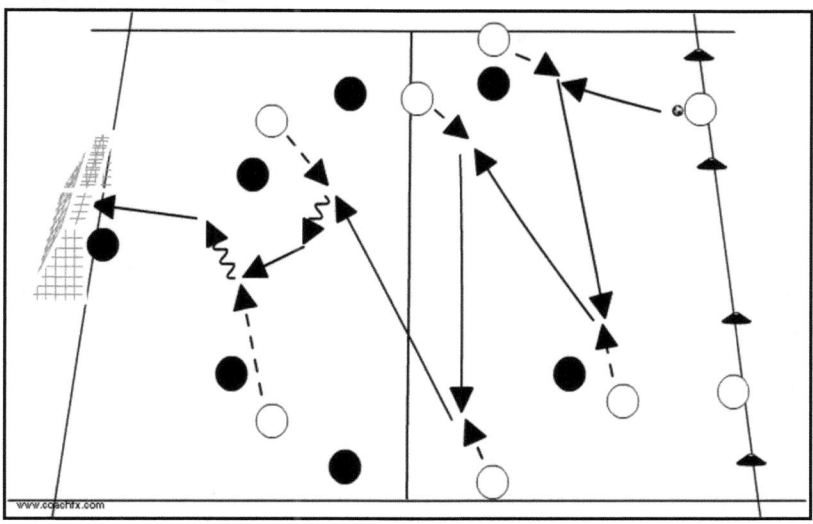

* In dem nächsten Abschlussspiel trainieren wir den Konter und das schnelle Umschalten von Abwehr auf Angriff.

Übungsaugbau: Halbes Spielfeld (hier ist natürlich auch ein 6 gegen 5 oder 7 gegen 5 möglich). Ein Tor an der Grundlinie und 2 Hütchentore an der Mittellinie (siehe nächste Seite).

Übungsablauf: Die Mannschaft in Überzahl muss nach 4 Pässen ohne Torerfolg den Ball an die gegnerische Mannschaft abgeben.
Hier sollen schnelle Pässe gespielt werden!!! Querpässe sollten vermieden werden, Rückpässe sind verboten.

 # Abschlussspiele

Den Spielern muss hier das schnelle Umschalten von Abwehr auf Angriff klar gemacht werden.

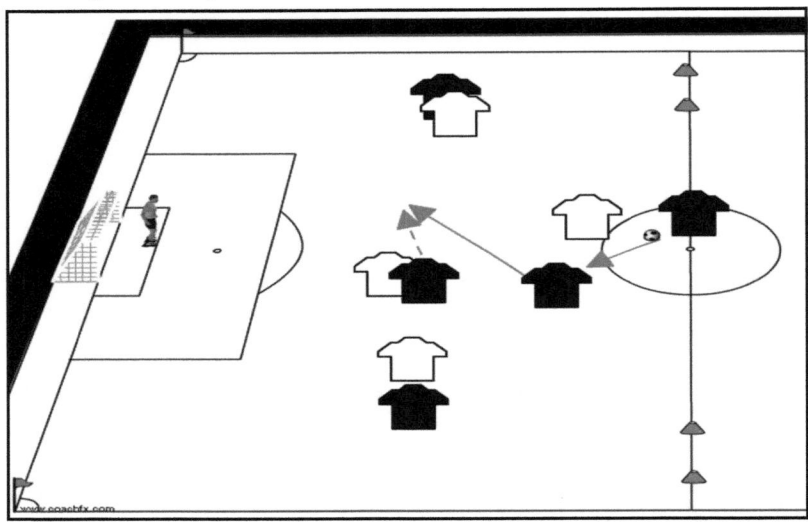

* Weitere Übung zur Schulung des Konterspiels.

Übungsaufbau:
- Ganzes Spielfeld
- 2 Teams mit jeweils 5-7 Spielern bilden
- Alle Spieler befinden sich in einer Hälfte, dessen Tor nicht besetzt ist.

Übungsablauf:
Die beiden Mannschaften spielen „auf Ballhalten" gegeneinander in einer Spielfeldhälfte.
Auf ein Trainerkommando versucht die Mannschaft in Ballbesitz einen schnellen Konter auf das mit einem Torwart

besetzte Tor.

Die andere Mannschaft versucht den Konter abzufangen.

Nach dem Torschuss oder dem Abfangen des Konters beginnt das Spiel wieder in der Hälfte ohne Torwart.

Diese Übung kann auch in kleineren Gruppen absolviert werden, indem die rechte Spielfeldhälfte mit Hütchen verkleinert wird.

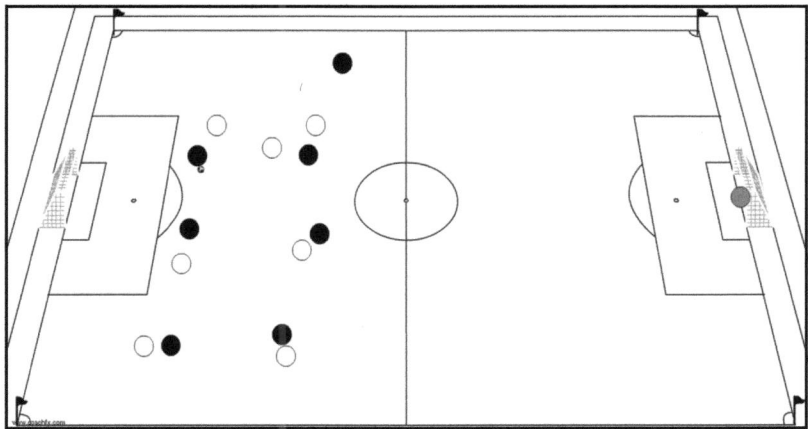

* Wieder werden zwei Mannschaften gebildet, die auf zwei große und besetzte Tore Spielen. Jede Mannschaft besitzt einen Flügelstürmer, die außerhalb des Spielfeldes mit Bällen stehen (siehe nächste Seite).

Der erste Außenstürmer dribbelt in Richtung Torauslinie und flankt hoch oder flach in den Strafraum.

 # Abschlussspiele

Hierauf erfolgt ein normales freies Spiel, bis der Ball ins Aus oder ins Tor geschossen wird.
Nun tritt der Flügelstürmer der gegnerischen Mannschaft mit der gleichen Aktion auf das andere Tor in Aktion usw.

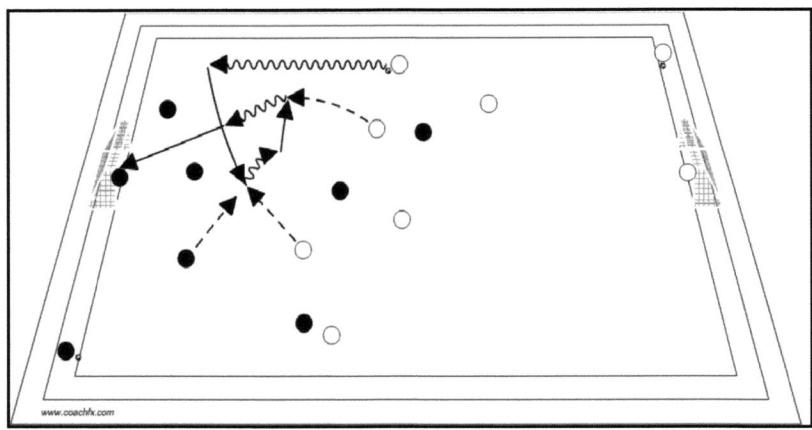

* Jetzt wird ein normales „freies Spiel" durchgeführt. Die Mannschaft, die ein Tor kassiert, absolviert 5 Liegestütze und 5 halbe Kniebeugen.

* Es wird z.B. 7 gegen 5 auf zwei besetzte Tore gespielt. Die Mannschaft in Überzahl darf nur mit jeweils drei Ballkontakten spielen. Nach einigen Minuten bekommt die andere Mannschaft die Überzahl und maximal drei Ballkontakte zugesprochen.
Diese Übung ist sehr anspruchsvoll und sollte maximal 2 x 5 Minuten gespielt werden, bevor das „freie Spiel" an die Reihe kommt.

 # Abschlussspiele

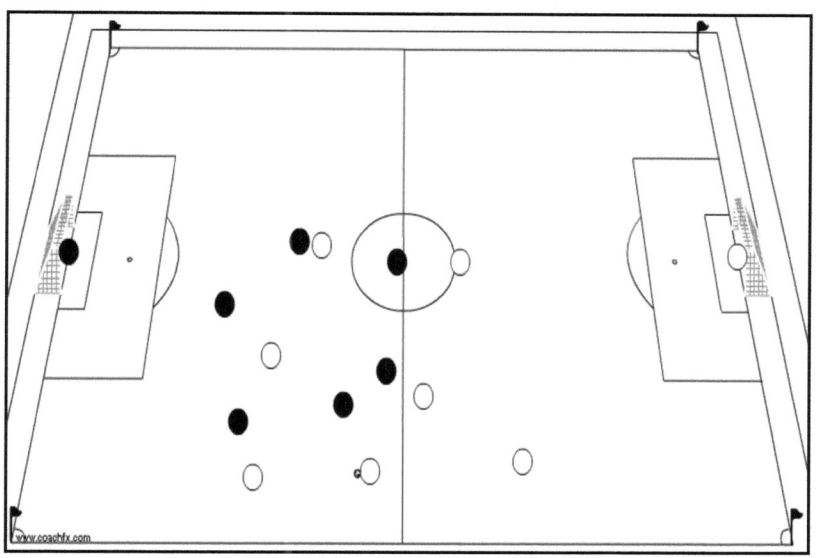

* Bei diesem Abschlussspiel dürfen Tore nur mit dem Kopf oder mit einer Direktabnahme erzielt werden. Diese Trainingsform ist nur für die D-Jugend geeignet und sollte auch hier auf 10 Minuten begrenzt werden.

Literaturverzeichnis

Claßen, M. / Schnepper, W.:
Taktiktraining im Jugendfußball, BOD, 2011

Claßen, M. / Schnepper, W.:
Taktiktraining im Jugendfußball 2, BOD, 2012

Schnepper, W. / Claßen, M.:
Bambini / F-Jugendtraining: 20 Trainingseinheiten, BOD, 2013

Schnepper, W. / Claßen, M.:
F-Jugend / E-Jugendtraining: 20 komplette Trainingseinheiten
BOD, 2013

Notizen

Notizen